基礎から学ぶ！メンタルトレーニング

令和版

高妻容一 著
東海大学体育学部教授

ベースボール・マガジン社

はじめに

10年ほど前にこの「基礎から学ぶ！」シリーズの依頼を受けたとき、メンタルトレーニングという言葉は、スポーツの現場に広がっているものの、本当に理解されているのだろうかという疑問がありました。世界では、スポーツ心理学という学問から、現場での実践を目的とした応用スポーツ心理学が派生し、最近ではパフォーマンス心理学という競技力向上を目的とした学問分野が生まれ、メンタルトレーニングという独立した分野（スポーツを含むパフォーミングアーツ、ビジネス、教育、健康）ができました。ここには、スポーツメンタルトレーニングというスポーツ心理学を背景とした分野があります。しかし、日本では、自称専門家や企業により、スポーツ心理学の背景のないメンタルトレーニングが普及するという状況が起きています。

令和を迎え、リニューアルしたこの本では、私が1976年から学んできたスポーツ心理学を背景に、3回の長期留学を含めて合計10年以上のアメリカ留学や海外研修（年に2〜4回）で得た情報をさらに見やすくまとめました。私は、1993年より毎年、国際応用スポーツ心理学会に参加し、世界レベルのメンタルトレーニングの最新情報を得る努力をしています。この学会では、世界30カ国以上から、毎年1000名以上の専門家が集まり、各国の応用スポーツ心理学の現状や研究そして実践の報告が多くされています。

1994年には、国際メンタルトレーニング学会の命により、日本における普及を目的とした「メンタルトレーニング・応用スポーツ心理学研究会」をスタートし、現在では、全国で毎月の情報交換会を開催しています。また2000年に、「スポーツメンタルトレーニング指導士・指導士補」という資格ができました。現在は、スポーツメンタルトレーニング上級指導士・指導士に

名前が変わり、この資格は、日本スポーツ心理学会というアカデミック（学問的）な組織が構築し、日本におけるメンタルトレーニングのレベルアップと正しい普及を目的にしています。2006年には、「スポーツメンタルトレーニング指導士会」という資格取得者の組織ができ、全国研修会だけでなく、全国6支部において毎年、研修会などを開催し、レベルアップに努めています。

このようにメンタルトレーニングが日本のスポーツ界に普及してきた現在、この本は多くの選手・指導者・保護者に役に立って欲しいと考えています。私が、約40年かけて学んできたスポーツのメンタルトレーニングの集大成の本でもあります。加えて、最近では、教育、ビジネス、医学、受験、一般的な健康の分野でも、活用してもらえるようになりました。今後の発展が楽しみな現状です。

最後に、この本は可能な限り、若い年代（中学生）から、またプロレベルの選手や指導者にも理解していただけるように配慮しました。「メンタルトレーニング」という言葉が独り歩きをして、スポーツの現場が混乱しているこの状況を「何とかしたい！」という思いを打破できる本だと思います。多くの方々に興味を持っていただけることを願っています。

2019年6月
高妻容一

CONTENTS

目次

はじめに 2

本書の使い方 10

第1章 基礎編 メンタルトレーニングの基礎知識 11

1 メンタルトレーニングってなに? 12
1 目標を達成するために行う 12
2 「心技体」 14
3 勝てない理由 14
4 魔法ではない 16

2 1日24時間がトレーニングタイム 18
1 元気な「おはよう!」から始めよう 18
2 休み時間にもできる 19
3 つまらない授業はチャンス 20

3 初心・原点 22
1 大切な最初の感動 22
2 スランプ脱出のカギ 22
3 あなたのやる気はどんなタイプ? 23

4 メンタルトレーニングの歴史 24
1 始まりは宇宙飛行士の訓練 24
2 日本では1985年頃から本格普及 25

今日からすぐできる! 1 学校の授業を楽しむ発想転換法 26

第2章 解説編 メンタルトレーニングの流れと基本用語 ... 29

メンタルトレーニングの流れ 30

プログラム1 自己分析 32

ステップ1 **スポーツ心理テストを使用** 32

ステップ2 **質問回答形式の自己分析** 33

プログラム2 メンタルトレーニングを行う理由の理解 34

ステップ3 **目的や効果の理解** 34

プログラム3 やる気を高める 36

ステップ4 **目標設定** 36

①結果目標／②プロセス目標／③スポーツ人生物語／④年間目標
⑤月間目標／⑥週間目標／⑦毎日の目標／⑧練習日誌

プログラム4 セルフコントロール 40

ステップ5 **姿勢で気持ちをチェック** 40

ステップ6 **心拍数や脈拍の確認** 40

ステップ7 **呼吸法の確認とコントロール** 41

ステップ8 **音楽の利用** 42

①呼吸法／②条件づけ／③音楽のイメージ／④リズム
⑤集中力／⑥歌詞からの思い込み／⑦集中力の妨害法／⑧気持ちの切り替え

プログラム5 心理的スキルの活用 44

ステップ9 **リラクセーション** 44

ステップ10 **サイキングアップ** 45

ステップ11 **理想的な心理状態 質問回答形式の自己分析** 46

ステップ12 **イメージトレーニング** 48

ステップ13 **集中力** 50

ステップ14 **プラス思考(ポジティブシンキング)** 53

ステップ15 **セルフトーク** 56

ステップ16 **サイキアウト** 57

ステップ17 **コミュニケーション** 58

ステップ18 **セルフコンディショニング** 60

プログラム6 試合のための心理的準備 61

ステップ19 試合に応用するテクニック 61

今日からすぐできる！2 球拾いもイメージトレーニング 62

第3章 メンタルトレーニングの方法 63
実践編

各プログラム・各ステップの順序と目的 64

プログラム1 自己分析 66

ステップ1 スポーツ心理テストを使用 66
1 心理的競技能力診断検査／2 試合前の心理状態診断検査／3 試合中の心理状態診断検査

ステップ2 質問回答形式の自己分析 67

プログラム2 メンタルトレーニングを行う理由の理解 68

ステップ3 目的や効果の理解 68
1 書店や図書館で関心のある本を選ぶ／2 映像を録画する
3 インターネット上の情報を選ぶ／4 マンガを活用しよう
5 あこがれの大会を実際に見てみよう

プログラム3 やる気を高める 70

ステップ4 目標設定 70
やる気についての自己分析

1 結果目標 72
質問形式で確認

2 プロセス目標 76
結果目標＆プロセス目標まとめ
やる気を高める計算方法

3 スポーツ人生物語 79
スポーツ人生書き込み用紙

4 年間目標／5 月間目標 81
年間／月間スケジュール表　質問形式で確認

6週間／7毎日の目標 83
週間／毎日のスケジュール用紙　質問形式で確認

8練習日誌 86

目標設定まとめ 87

プログラム4 セルフコントロール 88

ステップ5 姿勢で気持ちをチェック 88

ステップ6 心拍数や脈拍の確認 89
心拍数チェック表

ステップ7 呼吸法の確認とコントロール 91
呼吸チェックシート

ステップ8 音楽の利用 93
音楽のリズムチェック表

プログラム5 心理的スキルの活用 96

ステップ9 リラクセーション 96

リラクセーションのプログラム 97
①音楽を聴く／②ほめ合うパートナーワーク／③ヘッズアップ／④セルフマッサージ／⑤あくびをする
⑥呼吸法を使う／⑦緊張とリラックスを感じるストレッチ／⑧漸進的筋弛緩法／⑨手のひらで顔をマッサージ
⑩深呼吸／⑪2回目の漸進的筋弛緩法／⑫イメージトレーニング＆簡素化した自立訓練法
⑬音楽を聴きながらメディテーション／⑭消去動作／⑮イメージトレーニング

ステップ10 サイキングアップ 107

ステップ11 理想的な心理状態 質問回答形式の自己分析 ... 108

ステップ12 イメージトレーニング 110
イメージトレーニングの具体的な方法　自己分析用紙

ステップ13 集中力 116

今日からすぐできる！3 フォーカルポイントをやってみよう ... 120

ステップ14 プラス思考（ポジティブシンキング） ... 121
コントロールできること・できないことチェック表

ステップ15 セルフトーク 123

ステップ16 サイキアウト 125

ステップ17 コミュニケーション 126

ステップ18 **セルフコンディショニング** ································ 128
　試合当日のプログラム例/24時間活用例/
　朝・夜のセルフコンディショニング例

プログラム6 **試合のための心理的準備** ························ 130
ステップ19 **試合に応用するテクニック** ······················ 130
　勝つためのプランチェック表
今日からすぐできる！4 **イメージトレーニング用映像作成方法** ······ 132
collumn かつての教え子の「10年後のコメント」···················· 134

第4章 応用編 年代別で気をつけたいこと ·············· 135

プログラム1 中学生のメンタルトレーニング ················ 136
　中学生のあなたへ／指導者の方へ

プログラム2 高校生のメンタルトレーニング ················ 138
　高校生のあなたへ

プログラム3 大学生のメンタルトレーニング ················ 140
　大学生のあなたへ／大学スポーツ界の現状

プログラム4 実業団・プロアスリート ······················ 142
　実業団・プロアスリート界の現状／実業団の実例

プログラム5 中高年のメンタルトレーニング ················ 144
　メンタルトレーニングを学びたい方へ・研究会情報 ············ 144

第5章 保護者と指導者のメンタルトレーニング ……145
応用編

1 保護者(親)のメンタルトレーニング ……146
1 かつてのアメリカと同様の現象／2 あなたはモンスターペアレント？

3 親同士でやっていいこと・悪いこと

2 指導者のメンタルトレーニング ……149
1 指導者とは？／2 サポートが役割／3 学校教育での場での考え方

4 地域のクラブでの考え方／5 指導者講習・研修

メンタルトレーニング実践例
1 サッカーにおける心理的サポートの効果的なプログラム ……152

2 番外編・お笑いタレントにかけたサイキアウト ……156

おわりに ……158

さくいん ……160

参考文献 ……163

巻末付録
ワークシート
目標設定用紙／自己分析用紙／練習日誌の書き方ほか

本書は2009年に発行された書籍『基礎から学
ぶ！ メンタルトレーニング』（小社刊）の
内容に、経年によるスポーツ科学理論の進歩
に応じた内容改訂を加えるとともに、全ペー
ジをリデザイン、カラー化したものです

デ ザ イ ン　サンゴグラフ
カバー写真　Getty Images
イ ラ ス ト　若林陽介
編　　　集　西垣成雄、金子弥生

本書の使い方

　本書は通読することによって、メンタルトレーニングに関する知識を基礎から学んでいけるように構成しています。目的に応じて1章だけを選んで読む、あるいは各章をそれぞれ読み進めるなどの方法でも理解できるように編集しています。

　読者の皆さんの目的や理解度に合わせて、自由に活用してください。

各章の主な内容

第1章 基礎編 メンタルトレーニングの基礎知識

メンタルトレーニングを始める前に知っておきたい基礎知識を紹介。
いつ、どこで始まったのか？　という歴史についても触れています。

第2章 解説編 メンタルトレーニングの流れと基本用語

メンタルトレーニングの全6プログラム・19ステップの流れと理論、行う順番をそれぞれに
わかりやすく紹介しています。実際の方法の紹介は最小限にとどめ、基本的な考え方を説明しています。

第3章 実践編 メンタルトレーニングの方法

第2章で紹介したメンタルトレーニングの具体的な方法を紹介しています。各ステップごとに、
目標設定表や質問に答えることでメンタルトレーニングを行えるようになっています。
実際に行うときは、付録のワークシートを使うとよりわかりやすいでしょう。

第4章 応用編 保護者と指導者のメンタルトレーニング

メンタルトレーニングに取り組む子どもを持つ保護者（親）や、指導者のためのプログラムです。
子どもの成長を助けるための保護者と指導者が心がけたい考え方を紹介しています。

第5章 応用編 年代別で気をつけたいこと

中学生、高校生を中心に、各年代によってメンタルトレーニングに取り組む際に
気をつけたいことを紹介しています。

巻末付録 ワークシート

本書のプログラムで使う主な書き込み用紙があります（目標設定用紙、練習日誌見本など）。ワークシートにないもので、書き込み用紙を使うものは、各ページのものを写すなどして用意してください。

こんな目的の人は、こう読んでみよう！

●基礎から学びたい人

第1章から順番に読んでみましょう！

●すぐにメンタルトレーニングを始めたい人

第2章から読み始めましょう。2章と3章でそれぞれ同じステップごとに読むと、
理論と実践方法を同時に学ぶことができます。

●すでにメンタルトレーニングを行っている人

第3章では豊富な図版とイラストを用いてメンタルトレーニングの方法をわかりやすく
紹介しています。日頃のメンタルトレーニングのための確認用として使いましょう。

●子どもや教え子のために学びたい人

第1章を読んだあとに第4章を読みましょう。その後、第2章から読んでいきましょう。

第1章
基礎編

メンタルトレーニングの基礎知識

1 メンタルトレーニングってなに?

1 目標を達成するために行う

あなたは、将来どんな選手になりたいですか?

地域の大会でナンバー1になりたい? それとも日本一? それとも国際的な舞台で活躍したいでしょうか。

夢は人それぞれにあることと思います。

では、その夢をかなえるために、あなたはどのような毎日を過ごしていますか? 明日は何をしますか? 1週間後には、1年後には何をしているでしょうか。

すぐに答えられる人は少ないでしょう。夢はあったとしても、具体的に何をしたらいいかまでは、想像がつかないかもしれません。

将来こうなりたい! 夢をかなえたい!
メンタルトレーニングは目標設定からスタート

目標達成のために
こんな練習をこう
すれば目標に近づく

第1章 メンタルトレーニングの基礎知識

　メンタルトレーニングでは、自分の抱く夢に向かって、それをかなえるための具体的な目標設定の方法やそれを実行していくためのメンタル面を強化していきます。

　ですから、メンタルトレーニングは、誰かにやってもらうものではなく、自分で行うものです。

　また、単に試合に勝つことだけを目的にしているのではありません。

　1人の人間として自分がどのように成長していきたいのかをも考え、自分が立てた目標に向かってさまざまな練習や困難を克服していくためのプログラムとなっています。ではまず、第1章を読みながら、自分の中にメンタルトレーニングのイメージを作っていきましょう。

スポーツを続けていけば、誰にだって苦しいことやスランプがある

目標達成！夢をゲット！

2 「心技体」

　メンタルトレーニングは、スポーツ心理学（スポーツ科学）から生まれたメンタル面強化のトレーニングです。

　では、メンタル面とはどのようなことをいうのでしょう？

　「心技体」とよくいいますね。

　メンタル面とは、その「心」の部分のことを指しています。本書では、「心技体」を以下のように考えます。

心＝メンタル面、心理面、精神面、心、気持ち、感情
技＝技術面、作戦、戦術
体＝体力、持久力、コンディショニングなどの身体面

　心技体は、バランスがとれていることが重要だといわれています。

　あなたはそのバランスがとれているといえますか？　技・体については、毎日練習しているという人がほとんどだと思います。でも、心の部分、つまりメンタル面のトレーニングをしている、という人は少ないでしょう。それで心技体のバランスがとれている、と言えるでしょうか？

　スポーツをするとき、技術・体力面が必要なことはもちろんですが、これだけでは勝負に勝てない。つまり、本当の実力をつけるためには、技術、体力、そして心の部分をそれぞれ、バランスよくトレーニングする必要があるのです。

　メンタルトレーニングは、この心の部分のトレーニングを行います。技・体だけではなく、心もトレーニングして、「心技体」のバランスを整えるのです。

POINT
- メンタルトレーニングはスポーツ心理学から生まれた。
- 心技体のバランスがとれていることが実力発揮の条件。

3 勝てない理由

　そもそも、なぜメンタルトレーニングが必要なのでしょうか。

　あなたやあなたの所属するチームは、こんな経験をしたことはありませんか。

第1章 メンタルトレーニングの基礎知識

心・技・体はそれぞれ支え合い、バランスがとれていることが大切

- 大事な試合ではいつもあと一歩のところで勝ちきれない。
- 技術レベルはほぼ同じなのに、どうしても勝てない。
- 練習には強いのに、試合では勝てない。

　このような、試合で勝てない、実力を発揮できない理由をあなたはどう考えていますか？　もっと厳しい練習をやっておけばよかったと振り返ったり、試合中の判断ミスを悔やんだりすることもあるでしょう。「弱いから負けた」「実力がないから負けた」といって自分を納得させたい気持ちになったり、運が悪かったとか、しょうがな

い、といったりする人もいるかもしれませんね。でも、負けた理由はほかにもあるのではないでしょうか。私は、そこにメンタル面が弱かったという理由があることを見つけてほしいと思っています。

　近年、メンタルトレーニングの必要性を感じる選手や指導者が増えています。さすがに根性や気合いだけで試合に勝てると考える人は少なくなってきたようです。

　しかし、技・体の部分のトレーニングについての知識はあっても、メンタルトレーニングについてしっかり理解している方は少ないようです。日本のスポーツ界の伝統として、キツイ練習をして、苦しめば苦し

15

むほどメンタル面が強くなる、という考え方が根強くあるのもその一因だと考えられます。

でも、苦しいだけの練習なんておかしいと思いませんか？

確かに、厳しいトレーニングを乗り越えると自信にはなりますね。とはいえ、キツイ練習に耐えることさえできれば、試合で自分の力を存分に発揮できるとは限らないと思いませんか？　これはスポーツをしている人なら、実感していることと思います。

メンタルトレーニングでは、キツイ練習は、プラス思考ができていればこそ生きるものとして考えます。キツイ練習にただ耐えているだけでは、メンタル面（精神面）は強くなるとはいえないということです。

また、こんなことを言う指導者もいるようです。「メンタル面が弱いのはおまえの性格のせい」「性格を変えろ」。こう言って選手を追いつめるのです。

心理学の立場からいうと、性格は変わるものではありません。メンタル面は、考え方なので、考え方をいい方向に変えればよいのです。

メンタルトレーニングは、科学的に実証された方法を使って、試合で自分の力を発揮して、勝つための考え方を学びます。心の持ちよう、考え方のちょっとした違いによって、メンタル面はどんどん強くなることを、本書を通じてあなたにも実感してほしいと思います。

P O I N T

- 実力が発揮できなかったり、試合に勝てない原因の１つに、メンタル面の弱さという理由がある。
- メンタルトレーニングでは、キツイ練習はプラス思考ができていればこそ生きると考える。

4 魔法ではない

メンタルトレーニングは、科学的な研究や実験から実証された科学的・合理的・系統的なトレーニング方法です。

技術や体力と同様に毎日行うものなのです。ですから、私は相談されるといつもこう言います。

「メンタルトレーニングは、毎日継続してコツコツ行うトレーニングです」

試合直前に、これをやれば落ち着ける！というものではありません。

そんなものがあったとしたら、それは魔法です。

以前は、「明日が試合なんです！　なんとかしてください！」と駆け込んでくる監督さんも多くいました。そんなとき私はいつも、こんなふうにお答えしていました。「待ってください、私は魔法使いじゃありません」と。おまじないや神頼みも同じかもしれません。メンタルトレーニングは、

第1章 メンタルトレーニングの基礎知識

メンタルトレーニングは魔法ではない。今日やったからといって、明日からメンタル面が強くなるわけではない

お願いして、すがるものではありません。

ですから、試合直前だけ行えばいいわけではないのです。

走ったり、ウエイトトレーニングをしたりするのと同じですね。今日走り始めて、明日から持久力がつくわけではありませんし、今日重いバーベルを持ち上げたら、明日からパワーがつくわけではありません。技術や体力が突然レベルアップすることが

ないのと同じことなのです。

メンタルトレーニングは、毎日の技・体の練習と同様に毎日行うもの。これをしっかりと頭に入れておきましょう。

POINT
- メンタルトレーニングは魔法ではない。おまじないや神頼みでメンタル面が強くなるわけではない。
- 技術、体力と同様に毎日行うもの。

《2 1日24時間がトレーニングタイム

1 元気な「おはよう！」から始めよう

では、さっそくメンタルトレーニングの第一歩を踏み出してみましょう。

1. まず、小さい声で「おはよう」と言ってみましょう。
2. 次に、少し大きい声で「おはよう」と言ってみましょう。
3. その次に、ニコニコ笑ってできるだけ大きな声で、まっすぐ前を見て、「おはよう〜！」と、言ってみましょう。

いかがですか？　3つの「おはよう」で、どれが一番気持ちがよかったでしょうか。よくわからないという人は、もう一度やってみましょう。さあ、どうですか？

声の出し方で、気持ちがまったく変わるということを実感できたと思います。

3．のニコニコ笑って大きな声で「おはよう」を言ったときが一番、明るく、楽しい気分になったことでしょう。

このように、毎日しているあいさつの仕方を少し変えるだけで、気持ちを切り替えることができるのです。これは、メンタルトレーニングのプログラムにある呼吸法や心の準備、集中力を身につけるための、れっきとしたテクニックです。

あなたは、毎朝起きたとき、どんな「おはよう」を言っていますか？　家族や寮の仲間に「おはよう！」と元気に言っていますか？　朝ごはんを食べるとき、「いただきます！　今日も朝ごはんを用意してくれてありがとう！」と言えますか。

プラス思考になるためのトレーニングは、24時間、どんなときもプラス思考になる会話や言葉づかいをして、自信のある表情や行動をするように心がけることから始まります。ポジティブ（プラス思考）発想をするためには、まず、普段の生活の中でのふるまいから変えていくのです。

こんなことがトレーニング？　と思った人もいるでしょう。そうなのです。これがメンタルトレーニングのおもしろいところであり、特徴です。

さあ、明日スキップしながら登校してみましょう。きっと楽しい気分になれますよ。スキップなんて恥ずかしい、と思ったあなた、少しだけでもやってみてください。恥ずかしい気持ちを通り越して、心が軽くなり、楽しい気分を味わうことができるでしょう。友達に会ったら元気よく「おはよう！　今日も1日頑張ろう！」と声をかけてみましょう。それだけで、気分は大きく変わってくるはずです。

POINT
- ●「おはよう」のあいさつを元気よく言ってみよう。1日を過ごす気分が明るくなる。
- ●元気なあいさつやふるまいはプラス思考のトレーニングになる。

1日の始まりは元気な「おはよう」から。家族に気持ちよくあいさつしよう

2 休み時間にもできる

　あなたの１日の練習時間はどのくらいですか？　中学校や高校の部活動だったら、普段は２時間〜４時間くらいでしょうか。夏休みや冬休み、休日なら、午前・午後をいっぱいに使って練習する、という人もいるでしょう。でも、さすがに24時間、練習し続けることはできませんね。

　ところが、メンタルトレーニングは１日24時間、いつでもどこででもできるので

す。これが、技術・体力の練習とはまったく違うところです。

　たとえば、学校生活も有効に使えます。

　どんなスポーツも休憩時間や試合中にインターバルがあります。

　学校には休憩時間がありますね。この休憩時間のとらえ方を少し変えるだけで、メンタルトレーニングになるのです。

　授業と授業の間の休み時間や昼休みの使い方は、試合での休憩時間の使い方につながるのです。

たとえば、あなたが野球をしているとしましょう。休み時間に、トイレの鏡の前でバットを構える格好をして「カキーン！ホームランだ！！」とやったことはありませんか。また、バスケットボールをしているなら、昼休みに部室の椅子に座ってフリースローで成功するところをイメージすることもあるでしょう。

　夜、寝るときに目をつぶりながら、仲間と勝利を喜び合うシーンを思い浮かべることもあるでしょう。

　このようなことは、メンタルトレーニングの心理的スキルの1つである、イメージトレーニングです。あなたが普段、何気なくしていることの中にメンタルトレーニングに応用できることが隠れているのです。

> **POINT**
> ●メンタルトレーニングはいつでもどこでもできる。
> ●学校の休み時間を、有効に活用しよう。

3 つまらない授業はチャンス

　休み時間だけではありません。授業中にもメンタルトレーニングをすることができます。

　おもしろくない授業はありませんか？

　集中できず、成績もイマイチの授業は、あなたが好きではない科目や、興味を持てない科目、先生があまり好きではない科目などではないでしょうか？

イメージトレーニングはいつでもどこでもできる

こんなおもしろくない授業こそ、集中力を高めるチャンスです。集中力のトレーニングになるからです。

スポーツでも、楽しい練習ばかりではありませんし、集中力が必要なピンチの場面は、楽しい時間ではありません。つまり、楽しくない授業を使って、集中力を高めるトレーニングをするのです。

集中力は、対象となることを「好き」「楽しい」「おもしろい」と感じたときに高まります。これを利用します。

「楽しくない」ことが「楽しい」と思えるようにすればよいのですからおもしろくない授業（練習）をおもしろくすればよいのです。それには、予習や復習が効果的です。

たとえば、こんなふうです。

明日の授業で何をするか予想して、教科書を読んで予習をすることは、たぶんこんな内容になるだろうと「心の準備」をすることになります。予想ができていると、授業が待ち遠しくなります。

授業中に予想したことが行われると楽しくなります。すると、授業の質が高まります。さらに、復習（イメージトレーニング）をしておけば、授業（練習）の内容が深く頭（身体）に残ります。

どんなに勉強が好きな人でも（そうでない人も）、つまらない、集中できない授業はあるものです。メンタルトレーニングではそんなときこそ、集中力を鍛えるチャンスと考えます。

スポーツでも、試合や練習がいつもおもしろいわけではありませんね。たとえばサッカーであれば、なかなかボールが回ってこない時間帯があるでしょう。ソフトボールや野球であれば、猛暑の中の試合では外野手はどうしてもぼーっとしてしまうことがあります。

試合だけでなく、練習もマンネリ化して流してしまったり、集中できない日もあると思います。

授業も同じというわけです。ですから、授業を利用して、気持ちの切り替え、集中力の作り方を身につけていくことができるのです。

そうとらえると、毎日が変わってきませんか。少し考え方を変えるだけで、日々の生活の中で、メンタルトレーニングを行うことができるのです。1日24時間を使えるというのは、こういうことなのです。

→参考コラム 26ページ「今日からすぐできる！①学校の授業を楽しむ発想転換法」

POINT

- メンタルトレーニングは1日24時間いつでもできる。
- つまらない授業はチャンス！ 集中力を養うメンタルトレーニングになる。
- 集中力は「好き」「楽しい」と感じたときに高まる。

《3 初心・原点

1 大切な最初の感動

あなたは、今やっているスポーツを初めて見たときの感動を覚えていますか?

おもしろそう!
楽しそう!
やってみたい!

素直な気持ちでこんなふうに思ったのではありませんか。

では、実際に初めてやってみたときの感動を覚えていますか。

おもしろい!
楽しい!
このスポーツをもっとやってみたい!

こんなふうに思ったのではありませんか?

このような率直な気持ちこそ、あなたの「初心」「原点」というものです。

メンタルトレーニングを始める前に、あなたの「初心」「原点」を思い出してみましょう。

2 スランプ脱出のカギ

スポーツにかかわらず、1つのことを続けていくと、いろいろな困難にぶつかりま

す。調子を崩してなかなか立ち直れないスランプという状態もそうです。

どうにかして、悩みから解放されたいと努力しても、なかなか抜け出せない。これは多くの選手が経験することです。

また、周囲のプレッシャーを感じたり、「絶対に勝たなければいけない」と思いつめてしまったり、ケガで試合に出られず、苦しむこともあるかもしれません。

こういう状態のとき、あなたはいままでどうやって解決してきましたか。

悩み抜いた末に、
「自分はこのスポーツが好きだ」
「このスポーツがおもしろいからやっているんだ」

という「初心」「原点」に立ち返ると、途端にもやもやしていた心が晴れたり、スランプを克服してしまった、という経験はありませんか。

世界を舞台に活躍するトップアスリートたちが、サインを求められたりすると、サインの他に色紙に座右の銘として「初心忘るべからず」と書いたりします。「初心」「原点」は厳しい練習を続け、さまざまな困難を克服していくときの大切な支えとなることを彼らはよく知っているのです。

気持ちの持ち方や考え方は、スポーツを続ける上で、とても重要であることがわかります。スポーツ心理学では、この気持ちの持ち方、考え方を科学的に実証された方

自分のしているスポーツを初めて見たときの感動はあなたの「初心」や「原点」である

法で強化していくのです。

3 あなたのやる気はどんなタイプ

スポーツが上達していくと、「うまくなりたい！」「強くなりたい！」「試合で勝ちたい！」という目標が生まれてきます。

選手であるあなたは、この目標に向かって毎日一生懸命練習します。でも、あなたが練習する目的は、目標達成のためだけですか？ 勝つためだけですか？

初心者のうちは、自分が上達していくのがおもしろく、試合に臨むのだけで楽しく、うれしかったはずです。これが原動力となって、もっと高い目標を達成しようという気持ちになっていったでしょう。

これをスポーツ心理学では、内在的・内因的な動機づけといいます。モチベーションややる気と置き換えることもできます。

しかし、上達したり、レベルの高いチームに所属したりして、指導者から厳しい要求が向けられるようになると、指導者からやらされる練習になったり、顔色をうかがいながら行う練習になったりすることがあります。こうなると、自分の本来の気持ちとは別の動機でスポーツをすることになってしまいます。

怒られるから、やらなければならないから、負けると罰があるから、勝つと報酬が得られるから……といった外在的・外因的な動機づけです。

スポーツ心理学では、このようなやる気よりは、自分の心の中から生まれるやる気（内在的・内因的動機）を持った選手のほうがより上達し、より強くなり、成功を収める可能性が高いといわれています。

あなたのやる気はどちらのタイプですか？ おもしろい！ 楽しい！ という気持ちを持ち続けていますか？ どうかその気持ちを大切にしてください。

今はそういう気持ちになれない、という人も大丈夫です。本書を読み終わり、メンタルトレーニングのプログラムを実践したあとには、自分自身が変化していることに気がつくはずです。

POINT
- そのスポーツに最初に出合ったときの気持ち＝「初心」「原点」を大切に。
- おもしろい！ 楽しい！ という気持ちを持ち続けることで、より上達し、強くなり、成功する。

《4 メンタルトレーニングの歴史

1 始まりは宇宙飛行士の訓練

ここまで、メンタルトレーニングの概要について紹介してきました。イメージはつかめましたか？ 第1章の最後にメンタルトレーニングの歴史を紹介しましょう。

スポーツ科学で実証されているメンタルトレーニングですが、始まりは宇宙飛行士の訓練です。

旧ソビエト連邦（旧ソ連）で、1950年代に宇宙飛行士の宇宙に対する不安や、プレッシャー、心配事などを解消するためのトレーニングとして始まりました。これが、スポーツにも応用されるようになり、1957年、旧ソ連のオリンピック強化チームが取り入れたのが始まりと記録に残っています。

その効果は、徐々に各国に知られるようになり、1976年モントリオール・オリンピックの頃から、西欧諸国にも普及し始めます。1984年のロサンゼルス・オリンピック前に、アメリカ、カナダが本格導入し、オリンピックで大きな成果を上げたことで、世界的にその効用が一気に知れ渡りました。

宇宙飛行士のトレーニングから始まったメンタル面強化のトレーニングは、こうして各国へと広がりながら、スポーツ科学の分野の1つであるスポーツ心理学と融合し、スポーツにおけるメンタルトレーニン

表1 メンタルトレーニングの歴史

1950年代	宇宙飛行士のトレーニングとして始まる
1957年	旧ソビエトのオリンピック強化チームが導入し、成果を上げる
1976年	モントリオール・オリンピック開催 西欧諸国に広がっていく
1981年	スポーツ心理学の分野で話題となる
1984年	ロサンゼルス・オリンピック開催 アメリカ、カナダのオリンピックチームが導入し、結果を残す
1985年	日本でメンタルトレーニングの研究が始まる
1988年	日本のオリンピック代表チームに紹介するも、普及せず
1989年	国際メンタルトレーニング学会が発足
1994年	日本メンタルトレーニング・応用スポーツ心理研究会が始まる
1996年	日本メンタルトレーニング・応用スポーツ心理研究会で基準を制定
2000年	シドニー・オリンピック開催 日本代表12競技団体が導入 スポーツメンタルトレーニング指導士 資格制度スタート
2006年	スポーツメンタルトレーニング指導士会がスタート
2008年	資格取得者が100人を突破

グとして確立していきます。

研究の過程では、一流選手ほど夢や大きな目標を持ち、達成するための計画を立て、それを実行していく、という結果が出ています。二流・三流の選手は、夢を見ているだけで具体的な目標がなかったり、計画を立てても実行していない、という結果となりました。つまり、トップアスリートほど、我が身を振り返り、目標を絶えず確認しながら練習に取り組んでいるということなのです。

メンタルトレーニングは、このように一流選手が日頃行っているトレーニングを科学的に調査・分析したり、スポーツ科学と融合したりしながら、多くの人にも使えるようにするため、実証された系統的な方法として発展してきました。

2 日本では1985年頃から本格普及

日本にメンタルトレーニングという考え方が導入されたのは、1981年頃のことです。その後、ロス・オリンピックでの成果を目の当たりにした日本は、スポーツ先進国に続けと、1985年より本格的に導入し始めました。

その後、日本における研究・普及活動は、少しずつ、確実に成果を上げていきました。2000年シドニー・オリンピックでは、日本の12競技団体がメンタルトレーニングを導入。日本のトップスポーツにおいてようやく、学問としてのメンタルトレーニングが認知されたのです。

また、この年には日本スポーツ心理学会認定の「スポーツメンタルトレーニング指導士」という資格制度がスタート。2006年には、この資格を持つ人たちで作る「スポーツメンタルトレーニング指導士会」という組織が発足し、全国各地で研修会が開かれるようになりました。

現在では、オリンピック代表チームなどだけでなく、さまざまなスポーツの選手やチームがメンタルトレーニングを実践し、たくさんの成果が報告されるようになっています。

メンタルトレーニングは宇宙飛行士の訓練から生まれた

POINT
- メンタルトレーニングは、旧ソ連の宇宙飛行士の訓練から生まれた。
- 日本には1985年頃から本格的に導入され、発展してきた。
- 2000年には「スポーツメンタルトレーニング指導士」資格制度が発足した。

［学校の授業を楽しむ発想転換法］

あなたは、数学（算数）の授業が好きですか？　以下の問題に答えてください。

2×2＝（　　）　2×3＝（　　）
2×4＝（　　）　5×5＝（　　）

いかがですか？　誰もが簡単に答えが出てきたはずです。なぜでしょうか？　こんな考え方はいかがですか？

あなたは、掛け算（九九）を「イメージ」として記憶していませんか？

目を閉じて、上の問題にもう一度答えてください。

たぶん、数字が「2×2＝4」と頭の中のイメージとして浮かんでくるはずです。つまり、数学はイメージトレーニングをしているということになります。

たとえば、バスケットボールやサッカーなどのボールゲームは、作戦・戦術というフォーメーションをイメージし、そのイメージを実際の試合で使うということをしているはずです。

スポーツで、自分が何をすればいいのかをイメージしていれば、自分のやりたいプレーがスムーズにできるはずです。一方、数学の方程式などがイメージできれば数学は簡単で楽しいものになります。このことから、数学はイメージ力を鍛えるトレーニングにすることができるのです。

では、英語は好きですか？

もし、あなたが将来、メジャーリーグやNBA、オリンピックでプレーしたいなら、英語の授業はあなたの武器（すばらしい道具）となります。英語は、自分の未来を切

り開く大切な授業だと考えれば、真剣に取り組むべき「トレーニング」になりますし、未来への「準備」になります。

体育の授業は？　いろいろなスポーツや動きを体験できる重要なものです。クラブでやる自分の専門種目だけでなく、違う筋肉や調整力を身につける大切な「トレーニング」になります。

その他の科目でも、各科目についての発想転換法を下表で紹介しています。

学校の授業をスポーツの「トレーニング」にしてしまう方法を試してみませんか？そして、あなたなりの発想転換をしてみてください。

表2 メンタルトレーニング的 勉強を楽しむ発想法

科目	どんなトレーニングになる？	発想法
国語	外国へ行って、日本語を教える	国際大会などで海外へ行くと、日本語を教えてと言われることも多い。正しい日本語を学んでおこう
英語	将来、国際舞台で活躍するための時間	メジャーリーガーや国際的な選手を目標としているなら、英語力は重要
数学	イメージトレーニング	因数分解は頭の中で数字を動かして答えを見つける。イメージ力をつける
歴史	あなたのスポーツは、いつどこでできたの？	あなたのスポーツの歴史を調べてみよう。世界の歴史と大きな関係があるよ！
物理	物を投げる、跳ぶ、打つための科学的理論	あなたのスポーツの動きには、科学的な理論が存在することを知ろう！
生物	人間や動物を知るチャンス	人間や動物を理解することは、あなたのスポーツの動きをよりよくするヒントがあるよ！
体育	運動能力を高めるチャンス	自分の種目と違うスポーツをすることで、普段使っていない筋肉や頭を使おう！
美術	美術は、右の脳をトレーニングできる	絵を見る・描くことは、右の脳をトレーニングするイメージトレーニングになるよ！
家庭科	自分のことは自分でやる	自分の生活をうまくやれることは、自立するためのトレーニング・準備になるよ！
休み時間	気持ちのリフレッシュの大切な時間	集中力を高めるには、集中を抜く（気持ちの切り替え）が重要なトレーニングになるよ！
ホームルーム	みんなと話し合う、先生と話をする時間	コミュニケーションスキルを高め、チームワークを高めるトレーニングになるよ！

第2章
解説編

メンタルトレーニングの流れと基本用語

第2章ではメンタルトレーニングで使う用語を解説していきます。

メンタルトレーニングは、6つのプログラムに分けられ、全部で19ステップあります。

それぞれ心理的スキルを用いて行っていきます。実際の方法は第3章で紹介します。

≪ メンタルトレーニングの流れ

第2章では、メンタルトレーニングで使われる用語と心理的スキルについて解説していきます。

心理的スキルとは、スポーツ心理学の研究で実証されたメンタルトレーニングに用いる技能のことで、表1のプログラム5で紹介しているものにあたります。

すべてを行うことが重要

メンタルトレーニングとは、メンタル（＝精神面の）とトレーニング（＝練習）を組み合わせて作られた言葉です。

正式な名称は、心理的スキルトレーニングといいます。ほかにメンタルスキルトレーニングという場合もあり、メンタルトレーニングを含めたこれらの3つのいい方は、同義語（同じ意味の言葉）で使われます。

表1 メンタルトレーニングの流れ

プログラム1 自己分析	→	プログラム2 メンタルトレーニングを行う理由の理解	→	プログラム3 やる気を高める
ステップ2 質問に答える形式 ステップ1 スポーツ心理テストを使用		ステップ3 目的や効果の理解		ステップ4 目標設定

本書では、全6プログラム・19ステップで紹介します。この順番にはすべて意味があり、段階を追うことによって、メンタル面が強化されていくようにプログラムされています。

　ですから、どれか1つだけ簡単そうに思えるものだけをやっても効果は期待できないかもしれません。まずひと通り、すべてをやってみましょう。すべてを行い、身につけたのち、自分なりにピックアップしたり、工夫していくのはかまいません。あくまでも初心者の場合は、プログラム通りに行ってください。

　このプログラムは練習前、練習中、練習後、それ以外の時間を有効に使い、それぞれのスポーツで状況に応じた使い方をしていきます。

　さあ、まずは、すべてのテクニックについて学んでいきましょう。

プログラム4　セルフコントロール
- ステップ5　姿勢で気持ちをチェック
- ステップ6　心拍数や脈拍の確認
- ステップ7　呼吸法の確認とコントロール
- ステップ8　音楽の利用

プログラム5　心理的スキルの活用
- ステップ9　リラクセーション
- ステップ10　サイキングアップ
- ステップ11　理想的な心理状態
- ステップ12　イメージトレーニング
- ステップ13　集中力
- ステップ14　プラス思考（ポジティブシンキング）
- ステップ15　セルフトーク
- ステップ16　サイキアウト
- ステップ17　コミュニケーション
- ステップ18　セルフコンディショニング

プログラム6　試合のための心理的準備
- ステップ19　試合に応用するテクニック

プログラム1 自己分析

あなたは自分のメンタル面が強いと思いますか？
それとも弱いと思いますか？
あなたのチームはどうですか？
これらの質問に対して、あなたがそう思ったことの理由（根拠）は何ですか？　おそらくそれは、感覚的なものだと思います。それも今までの経験やチームの状況を見ての感想のようなものでしょう。プログラム1では、心理テストを使って自分自身のメンタル面がどのような傾向であるかを理解していきます。

ステップ1 スポーツ心理テストを使用

経験やカンには頼らない

メンタルトレーニングは自分自身の分析から始まります。

スポーツ心理学の研究から作成された「スポーツ心理テスト」を使い、自分自身のメンタル面の強さや心理面の分析をするのです。

たとえば、私たちが使用しているスポーツ心理テストには、「心理的競技能力診断検査」、「試合前の心理状態診断検査」、「試合中の心理状態診断検査」などがあります。

これらを使用して、科学的根拠のあるメンタル面の強さや心理状態をチェックします。

このスポーツ心理テストは、スポーツという状況を考慮し、スポーツ選手が回答することを意図して作成されています。また、私たちは「標準化されたスポーツ心理テスト」という科学的根拠のあるものとして使います。

これは、何千人ものスポーツ選手に何度も質問をして、95％以上の人がその質問に対して、意図を理解して回答できるという妥当性や信頼性を確かめたもので、因子分析という統計の手法を使って作成されています。つまり、誰かが適当に作った質問紙ではないということです。

選手の心理的側面を正しく理解・分析するためには、このような標準化されたスポーツ心理テストを使う必要があると私は考えます。

自分の経験やカンなどで選手を分析したとしたら、その選手の素質や才能をつぶす可能性も大きくなると思いませんか？

もちろん、このスポーツ心理テストで100％正しい分析ができるということではありませんが、かなりの高い確率（95％以上）で、信頼性のある分析が可能だということを理解してください。

ステップ2 質問回答形式の自己分析

自分で自分を分析する

　質問に答える形式で自己分析を行います。自己分析とは、自分で自分を分析し、自分を知ることです。

　現在の自分の考えや心理状態を確認しておくことは、これからの練習の質を高め、うまくなるために必要な何かに気づくことができると思います。

　巻末のワークシートを使います。

心理検査で、自分がどのようにスポーツとかかわっているかを客観的に知ることができる

［心理的サポートは有資格者に依頼を］

　日本全国の指導者の方たちとメンタルトレーニングについての情報交換をしていると、指導現場で実際にサポートを受けたいという要望を多くいただきます。

　本書の読者のみなさんも、読み進めるうちに直接指導を受けてみたいと思った方もいるかもしれません。そこで、「心理的サポート」について紹介したいと思います。

　日本スポーツ心理学会には、「メンタルトレーニング指導士・上級指導士」という資格認定制度があります。このような資格を持った専門家や、研修生（メンタルトレーニングコーチ）が、チームや選手に対して、メンタルトレーニングの指導をしたり、練習や試合の場でお手伝い（サポート）したりすることを「心理的サポート」といいます。

　たとえば、普段はミーティングのような講習会形式で知識や方法を紹介し、練習では、練習時間の前・中・後などいろいろな場面で心理的スキルを指導します。そして試合では、日頃の練習で身につけた心理的スキルやテクニックを発揮するためのサポートをするのです。

　また、日常生活を活用したプラス思考やセルフトークのトレーニングなども指導していきます。うまくなるため、試合で勝つためという目的はもちろん、自分の努力（メンタルトレーニング）を通じた、選手の人格形成も目標にしています。

　日本スポーツ心理学会の資格認定制度は発展途上の部分もありますが、専門的指導を受けたいと思ったら、「メンタルトレーニング指導士・指導士補」の資格を持った人に依頼されることをおすすめします。

　また、研究会を各地で行っています。詳細は144ページにありますので参考にしてください。

プログラム2 メンタルトレーニングを行う理由の理解

メンタルトレーニングを実際に行う前に、あなたがメンタル面の強化をする理由、メンタルトレーニングを実施する目的やその効果を学びましょう。

これは、メンタルトレーニングを始めたあとも続けていく「知的トレーニング」となります。

やる気を高めると同時にトレーニングの質を高めることにつながります。

ステップ3 目的や効果の理解

情報収集は「知的トレーニング」

メンタルトレーニングを行うとどんな効果があるのか、メンタルトレーニングの理論的背景などを理解してスタートしましょう。私はこのような学習を「知的トレーニング」と呼んでいます。

最近のスポーツ科学の進歩や応用は、目を見張るものがあります。毎年、新しいスキル・テクニック・戦術が紹介され、そのトレーニング方法や器具などの開発競争に、人々はしのぎを削っています。

書店には、多くのスポーツ関係の本やDVDが並び、またインターネットでもたくさんの情報が流れています。スポーツに取り組む人にとっては、時代に乗り遅れないことが重要になってきました。

指導者や選手は、このような情報を集めるためにアンテナを張り巡らし、自分に有効な情報を集めていく必要があります。これをメンタルトレーニングでは「知的トレーニング」と呼んでいるのです。このような情報収集も「トレーニング」としてしまおうという考えです。

野球界では、スコアをつけるスコアラーという役割を担当する人がいますし、バレーボールでも相手や自分たちの戦術を分析して、身体だけでなく頭も使った「トレーニング」や「準備」をするアナリストをチームに置くことが当たり前になってきています。

私は、1980年前半に米国に留学して、スポーツ科学を研究しました。留学当初、頭を使うトレーニングを目の当たりにして衝撃を覚えました。

米国では、その頃から身体を使ったトレーニングはもちろんのこと、心理面のトレーニング(メンタルトレーニング)や、対戦相手の分析などに当たり前のように取り組んでいたのです。

情報収集は「知的トレーニング」。インターネットなどをどんどん活用していきたい。一方で「メンタルトレーニング」と検索すると混乱した情報も多くある。正しい情報かどうか見極める目も大切

第2章 メンタルトレーニングの流れと基本用語

　それまで私も日本で、根性を頼りにスポーツをしていたのですから、スポーツ科学を活用した戦略的な取り組みは驚きでしかありませんでした。

　あまりに日本とかけ離れたスポーツへの取り組み方に衝撃を受けた私は、日本と米国のギャップをなんとしてでも埋めたいと感じました。

　そうして私は学問的根拠のあるトレーニングや試合への準備についての情報を集め始めました。しかし、あまりにも多い情報から、正しいものや、自分に有効なものを見分けるのには相当な労力を要しました。この自分自身の経験から、膨大な情報を選びとる目を養うために、スポーツのトレーニングには、知的トレーニングという考え方が必要だと考えたのです。

　メンタルトレーニングを行っていくためには、日頃から、さまざまな方向に関心を持ち、自分に必要な情報とそうでないものを見分ける目と決断力を身につける必要があるのです。

プログラム3 やる気を高める

あなたは、どのようにしてやる気(モチベーション)を高めていますか?

一流のスポーツ選手は、自分で自分のやる気を高めることができます。

また、自分自身の中からわき出る(内発的な)やる気を高めるコツを理解しています。メンタルトレーニングでは、目標設定をすることで内発的なやる気を高めるための「トレーニング」を行います。

ステップ4 目標設定

やる気の確認

あなたは、「やる気がない!」「やる気が足りない!」と言われたら、どのようにしてやる気を高めますか?

指導者の中には、すぐに説教をして「やる気を出せ!」と言ったり、「やる気が足らん!」と言って「グラウンド10周!」などと罰を与える人がいるかもしれません。しかし、このような方法で本当にやる気が高まるでしょうか?

このようなやる気を高める方法を「外発的なやる気の高め方」という言い方をします。つまり、他人からやる気を無理やり出させられる方法です。

一方、一流選手の多くは、「自分のしているスポーツが好き」「楽しい」「おもしろい」というような「内発的なやる気」を持っています。

これは、自分の気持ちや心の底からわき出るやる気です。この気持ちがあれば、素直にやる気を高められますね。

そこで、メンタルトレーニングはこの「内発的なやる気」を高めるために目標設定というプログラムを使います。

この目標設定は、8項目で1つのパッケージとしています。

38ページから各項目を解説しましょう。

一流選手の「内発的なやる気」例
- このスポーツが好き
- 楽しい
- おもしろい
- うまくなるのが楽しい
- 努力が楽しい
- きつい練習をすればうまくなる
- 練習がおもしろい

8項目の目標設定パッケージ
① 結果目標　⑤ 月間目標
② プロセス目標　⑥ 週間目標
③ スポーツ人生物語　⑦ 毎日の目標
④ 年間目標　⑧ 練習日誌

第2章 メンタルトレーニングの流れと基本用語

自分がどのような選手になりたいか、スポーツでどのような人生を歩みたいのか。目標設定をしっかり行っていこう

①結果目標
将来の結果を期待する目標

　人生の目標を書き（イメージし）、自分の一生で何をしたいのかを明確にします。その上で、今取り組んでいるスポーツが人生の中でどのような位置にあるのかを確認します。

　スポーツの第一線を退いた（引退）あと、それをその後の人生にどうつなげるのかというキャリアトランジション（引退後の第2の人生）も考えて、設定します。夢を最終目標として、人生のなかでの長期目標・中期目標・短期目標を明確にするのです。

目標設定用紙（見本）

	人生の目標	スポーツの目標
夢のような目標		
最低限度の目標		
50年後の目標		
30年後の目標		
10年後の目標		
5年後の目標		
4年後の目標		
3年後の目標		
2年後の目標		
1年後の目標		
今年の目標		
半年の目標		
今月の目標		
今週の目標		
今日の目標		
今の目標		

②プロセス目標
結果目標達成のための過程の計画

　①で書いた結果目標を見ながら記入していきます。結果にたどりつくためのプロセス（過程）でどのようなことをすればよいのかの目標です。

　たとえば、人生の夢を「お金持ちになりたい」と書いたら（あまりにも多くの選手が書く結果目標の例です）、どれくらいの金額をいつまでに、どうやって手に入れるのか、またそれは現実的なのかを可能な限り具体的に書くということです。

③スポーツ人生物語
自分の引退記念セレモニーでどのように紹介してほしい？

　あなたがスポーツから引退するとき、自分の引退セレモニーにおいて、司会者にどのように紹介してほしいかを書くというプログラムです。

　自分の過去から、現在、そして未来を、自分の好きなように可能な限り、未来的・発展的・希望的に書いていきます。

Aくんのスポーツ人生物語

「お兄さんがやっていた影響で、小学校2年のとき、地域の少年団に入り、野球を始めました。

　○○中学では県大会・全国大会で優勝し、名門○○高校に入学。1年生では県大会決勝で敗れ、甲子園出場を逃しました。しかし、このときの悔しい思いが原動力となり、3年では甲子園に出場して優勝するに至りました。

　高校卒業後は、憧れのジャイアンツに入団し、1年目に新人王、3年目には3冠に輝き、球界を代表する選手へと成長します。

　プロ8年目には、念願かなって幼い頃からの夢でもあったメジャーリーグのヤンキースに入団。3年目には最優秀投手にも選ばれました。

　アメリカで7年プレーした後、現役引退。その後は帰国して、ジャイアンツで監督を務め、10連覇の偉業を成し遂げました。

　これを節目として、今季、ユニフォームを脱ぐことを決意、プロ野球界から引退することとなりました」

④年間目標
今年何をするか？
具体的な目標

　①と②で書いた人生における目標を頭に置いて、夢や目標を達成するための身近な目標として、今年1年間で何をどうすればいいのかを具体的に書くという目標設定です。

　あなたは、今年1年間の試合スケジュールが書けますか？　もし書けないとしたら、かなりいい加減な思いで夢や目標を考えているといえるでしょう。

　もちろん、チームの年間計画は理解していると思いますが、その上で自分のやるべきトレーニングスケジュールを具体的に書くというプログラムです。

　一流選手ほど、自分の独自（秘密）のトレーニングをしているはずです。自分がどれだけ他人と違う（自信や上達につながる）トレーニングをしているのかを確認するのです。中期目標としての年間目標（スケジュール）を立てるいうことです。

⑤月間目標
今月の計画を立てる

　ここでは、①結果目標、②プロセス目標、③スポーツ人生物語、④年間目標を見ながら書きます。今月、何をどうすれば、どれだけ上達できるのかより具体的に計画（目標・スケジュール）を立てていくのです。実際の設定は、1カ月ごとに目標を決める④の年間目標と同時に行うことになります。

⑥週間目標
今週の計画は？

　ここでは、これまでに書いた①〜⑤を見ながら、具体的に週間計画を立てていきます。今月何をどうすれば、どれだけ上達できるのかを考えるのです。

⑦毎日の目標
今日は何をするか？

　①〜⑥を見ながら、1日の計画（目標・スケジュール）を立てていきます。今日、何をどうすれば、どう上達できるのかより具体的に書き出します。週間目標と同時に設定します。

⑧練習日誌
自分のデータベースを作る

　練習日誌は、自分のデータベースとなります。毎日のトレーニングが計画に沿ってできているか、自分自身の上達状況や心の状態などを、あとで見直すための道具となります。

　①〜⑦で書いたプランが確実に実行できているかのチェック用紙でもあり、イメージトレーニングをするための道具になります。

　そうして書いていくうちに、明日はこのようにすると、もっとよくなるという自信をつける、未来へのイメージトレーニングになっていきます。

　また、試合の前には、成功イメージを作る準備やシミュレーショントレーニングの道具としても活躍します。

プログラム4 セルフコントロール

セルフコントロールとは、自分の気持ちや感情をうまく使う(コントロール)することです。

プレッシャーのかかる場面で、平常心でいつものプレーができる心理状態をいつでも作れることを、「セルフコントロールができている」と言います。

私たちは、このセルフコントロールの能力を高めるために、いろいろな方法でトレーニングを進めていきます。

ステップ5 姿勢で気持ちをチェック

姿勢を正すことで気持ちを切り替える

あなたは、落ち込んだときどんな姿勢をしていますか？

また気持ちが乗っているときやガッツポーズをしているときは、どんな姿勢で、どんな気持ちですか？

多くの人は、落ち込むと下を向き、気持ちが乗れば胸を張り、上を向くという姿勢をしていませんか？

姿勢を正すことは、気持ちを切り替えるテクニックとなるのです。本書では、「ヘッズアップ」という方法を主に使います。

頭（顔）を上に向けて胸を張ることで、プラス思考にするための姿勢や態度をとるというものです。

身体の姿勢を変えると同時に笑顔で「気持ちの切り替え」を行うわけです。

ステップ6 心拍数や脈拍の確認

心拍数が平常心を作る

ステップ6では、自分の気持ちの状態と身体の状態がどのように関係し、呼応しているかを理解することになります。

あなたは、緊張した場面で心臓がドキドキした経験はありませんか？

人間は、緊張すると心拍数が高まり、緊張しすぎるといつものプレーができなくなります。また、緊張感がなさすぎても緩慢なプレーになることがあります。

そのために、日頃から自分の心拍数を知り、自分の緊張の度合いを把握しておくのです。

いろいろな場面で脈拍を測っておきます。普段の生活、緊張していると感じたと

き、プレーしているときなどです。

　その数値は一人ひとり異なります。です

から、自分自身の数値をしっかり確認する必要があるのです。

ステップ1 呼吸法の確認とコントロール

呼吸は身体と心につながっている

　あなたは今、どんな呼吸をしていますか？　また緊張したときは、リラックスしたときは、どうですか？

　ここでは、いろいろな場面で自分がどのような呼吸をしているのかを確認してみましょう。たとえば、次のような場面ではどんな呼吸をしていますか。

●力を入れるとき
●スピードが欲しいとき
●スムーズな動きをしているとき

　あなたはどんな呼吸をしていますか？

　また、どんな呼吸をすれば、気持ちが落ち着き、平常心でプレーできますか？

　ステップ7では、呼吸と身体の動き、また呼吸と心の動きの確認をしていきます。

　それでは、簡単な実験をしてみましょう。以下のような状態のとき、あなたはどんな呼吸をしていますか？

　呼吸は、速い・遅い・強い・弱い・長い・短いのどれにあてはまりそうですか？

●静かに落ち着いているとき（安静時）
●興奮しているとき
●力を入れるとき
●身体の動きのスピードが欲しいとき

●スムーズな動きをしているとき

　おそらく、あなたの心理状態によって、呼吸の仕方が違っていると思います。

　落ち着いているときは呼吸は安定し、興奮しているときは、強く激しいはずです。

　このようにあなたの身体動作と呼吸には、一定の法則がありませんか？　同時に、人間の心の状態と呼吸にも一定の法則があることを理解してください。あなたが自分の気持ちをコントロールしたいとき、必ず一定の呼吸をしているはずです。

　その代表が深呼吸です。深呼吸をすると落ち着いたり、平常心に戻れるように思えたりしますね。このように呼吸は気持ちをコントロールするための大切な指針なのです。

　私のプログラムでは、空手などの武道の呼吸法が応用してあります。西洋の心理学では、ヨガ、禅、武道といった東洋の呼吸法を参考にしています。米国心理学会の会長を務めたコロラド州立大のスイン博士も以前、「なぜ日本人は西欧のマネばかりするの？　もっと足下を見ては？」とおっしゃっていました。

　深呼吸が当たり前なように、私たちの日常生活の中に心理的スキルのヒントはあるものなのです。

ステップ 8 音楽の利用

お気に入りの音楽で気持ちを作ろう！

あなたは、音楽を聴くのが好きですか？
どんな音楽をよく聴きますか？
どんな気持ちのときに、どんな音楽を聴きますか？

メンタルトレーニングでは音楽を気持ちのコントロールに活用します。大きく分けて８つの方法があります。

①呼吸法
軽快なリズムは激しい動きに

音楽のリズムやテンポによって、呼吸が変わります。

速いリズムの音楽は、呼吸を速くして気持ちを高める目的があり、一方、静かなゆっくりとした音楽は、呼吸を遅くし、気持ちを落ち着かせるという目的があります。

また、速く激しい動きの練習では、軽快で速いリズムの音楽を使い、静的なストレッチングではクラシックなどのゆっくりとしたリズムの音楽を使います。

これは、ステップ7で紹介した呼吸と身体・心の関係に基づきます。

②条件づけ
決まった曲で気持ちをコントロールする

心理学でよく使われる「パブロフの犬」という例があります。

犬にエサをあげるとき、いつも鈴を鳴らしていると、犬は鈴の音を聞いただけでよだれをたらすようになる、という条件反射の実験例です。

メンタルトレーニングでも同様に考え、「この曲を使えば集中する」、「この曲ならば気持ちが高まる」、「この曲なら落ち着く」と、それぞれの場面によって曲を決めておき、音楽を活用することで気持ちのコントロールしていきます。

監督が「落ち着け」とか「やる気を出せ」など指示しなくとも、音楽ひとつで選手やチームの雰囲気を変えることが可能になるのです。

③音楽のイメージ
物語の主人公にイメージを重ねる

自分がある曲に対して持っているイメージを利用するものです。

例えば、私は映画「ロッキー」のテーマソングが流れると、映画でロッキーが試合場に気合十分で出て行くイメージが浮かび、気持ちも乗ってきます。

つまり、映画を見たときの自分のイメージを利用して気持ちを高めたり、切り替えたり、落ち着かせるのです。

④リズム
心拍数ごとに曲を選んでおく

　①呼吸法と同様に呼吸に関係します。

　心拍数によって、どんな音楽で走るとリズムが合うのかを確認しておきます。

　1分あたりの心拍数が120のとき、130のとき、140、150、160、170、180のとき……とそれぞれに合う音楽が違うはずです。それを選んでおき、その心拍数になる動きのときに使うのです。

　たとえば、速いダッシュ系やラダートレーニングなどでは、このリズムの音楽が合う、というように、自分の動きのリズムと音楽のリズムをマッチさせて活用させます。

⑤集中力
好きな歌を歌って集中!

　音楽に意識を集中し、その音楽を口ずさんだり、歌うなどして集中力を高めるという方法です。

　特に、好きな音楽などは効果的です。

⑥歌詞からの思い込み（イメージ）
詞で"あのシーン"を思い出す

　歌詞から連想するイメージやその状況を思い出すことで気持ちを高めたり、切り替えたりする方法です。

　たとえば、オリンピックのテレビ中継で使用された番組テーマミュージックを聴くと、ある場面が思い出されて気持ちが高揚したり、ある歌のある歌詞（言葉）が自分の今の気持ちを奮い立たせてくれるという点を活用する方法です。

⑦集中力の妨害法
ヤジや雑音の中で練習する

　試合場がしーんと静まりかえることなどほとんどありません。観客の歓声や応援、ヤジや雑音など、集中を邪魔する状況であることが普通です。

　これを予測して、普段の練習から音楽をかけて、雑音やうるさい環境に慣れておくのがこのプログラムです。こうすることで、試合になっても、いつも通りの集中ができて最高のパフォーマンスが出せるようにするのです。

　たとえば、対戦相手のチームの声援や使用している音楽などを録音しておき、毎日の練習で流します。これは、この音に慣れるだけではなく、相手の音楽や声援までも自分の味方にしてしまうという方法です。

⑧気持ちの切り替え
お気に入りの曲や方法でリフレッシュ

　ここまでの①～⑦で説明した方法を駆使して、自分の気持ちの切り替えに応用するという考えです。

　相手に先行されたとき、ミスをしたとき、ピンチの場面などで聴く音楽を決めておいたり、口ずさむことを決めておくことで、気持ちを切り替えようというアイディアです。

　このように、音楽は気持ちの切り替えを促す大きな役割を果たしてくれます。

　重要なのは音楽の選択です。特に、恋愛モノなどはスポーツの局面においては歌詞が邪魔をするので避けたほうがよいでしょう。

プログラム5 心理的スキルの活用

プログラム5からは、スポーツ心理学で実証された心理的スキルを使っていきます。

心理的スキルとは、メンタルトレーニングを行う際のさまざまな技能のことです。プログラム5にはメンタルトレーニングで最も重要であるリラクセーション、考え方の基本となるプラス思考が含まれており、全19ステップ中の9ステップを行います。

ステップ9 リラクセーション

緊張を味方にするトレーニング

プレッシャーのかかる大事な場面では、頭の中や身体面、行動面に右下の表のような変化が表れませんか。

いかがですか? 思い当たることはありませんか? たいていの人はこのような経験をしたことがあるでしょう。

緊張はしてしまうものです。そこで、メンタルトレーニングでは緊張を緩め、リラックス状態にするためのトレーニングとしてリラクセーションを行います。これは緊張をいい意味でのリラックス状態へもっていく心理的スキルです。

リラクセーションは、毎日の練習前に行い、練習前に心の準備をします。同時に、緊張したときに、何をどうすればリラックスできるのかを身につけていきます。

これをトレーニングして試合前に活用できるようになると、最高のプレーをするための心理的な準備となります。

リラックスというと、一般的にはくつろいだり、のんびりしたりすることと捉えられますが、メンタルトレーニングでは、そのような考え方とは異なると考えてください。

スポーツにおける理想的な心理状態は緊張しすぎず、リラックスしすぎていない状態(ゾーンという状態)です。このような状態を作るのがリラクセーションという心理的スキルです。

メンタルトレーニングでは、最も重要な心理的スキルです。実際の方法は第3章96ページから紹介します。

緊張しすぎるとなりがちな状態

頭の中	●不安 ●心配 ●迷い ●考えすぎ
身体面	●身体がこわばる ●手に汗を握る ●目がキョロキョロする ●心臓がドキドキする ●唇をなめる
行動面	●ベンチが気になる ●監督の目が気になりベンチを見る ●足元が気になるため足場をならす ●ユニフォームが気になり触る ●時間を気にする ●点数を気にする

ステップ10 サイキングアップ

遊んでふざけて乗りを作る

あなたは、気分が乗らないときや、やる気がないとき、どうしていますか？

誰にでも、やる気がないとき、気持ちが乗らないときがあるものです。でも、練習や試合はそれとは関係なくやってきます。

サイキングアップは、やる気を高めたり、気持ちが乗らないときに、どのようにすれば気持ちが高まるのか、ということを知るための心理的ウォーミングアップです。たとえば、野球やソフトボールであれば、ベンチの前で円陣を組み、全員で声をかけあって気合いを入れたりしますね。ラグビーのオールブラックス（ニュージーランド代表）が、試合前に「ハカ」（ウォークライ）を踊るのもこれにあたるでしょう。大きな声でピッチを踏みならして叫び、舞うことで自分たちを鼓舞しています。

メンタルトレーニングではこれをトレーニングすることにより、本番で最高の乗りを作り、最高のプレーができるようにするのです。

具体的には右の一覧のような内容です。

ご覧になって、あれ？　と思った人がいるかもしれませんね。そうなのです。このプログラムは、ボクシングやゲームなど遊びばかりなのです。

つまり、サイキングアップとは、簡単に言えば、わざとふざける時間や楽しい時間を作るというものです。

このような遊びの要素を取り入れたプログラムを行いながら、どんなことをすれば気持ちが切り替えられるのかを知っていくのです。

ここで学んだ（トレーニングした）テクニックを試合で活用して、最高のパフォーマンスが出るようにしていきます。

このテクニックは、日本では最も軽視されている心理的スキルと言えます。というのも日本では伝統的に、「気合いを入れる」と称し、往々にして試合前に指導者（監督・コーチ）がどなったり、注意をしたりするケースが見られるからです。読者のあなたには、このような行為は逆効果であることを知っておいてほしいと思います。

サイキングアップの方法

- 軽快な音楽を使って気持ちを乗せ、音楽に合わせて身体を動かす
- ボクシング
- 肩タッチゲーム
- 集中力のゲーム
- プッシュゲーム
- ジャンケンポン
- あっち向いてホイ
- チーム全員で手をたたき「ホイ、ホイ、ホイ、ホイ……」と声を出し、最後はハイタッチで気持ちを乗せていく

ステップ 11 理想的な心理状態 質問回答形式の自己分析

周囲が止まって見える！？

あなたは、最高のプレーをしたときに、最高の心理状態を体験したことはありませんか？

この状態を、専門用語で理想的な心理状態(ゾーン、フロー、火事場の馬鹿力)といいます。

適度な緊張とリラックスがあり、すばらしい集中力が発揮され、プラス思考である状態です。

多くの選手たちが、このような状態で、信じられないような、すばらしいプレーをしたと報告しています。たとえば、「周囲がスローモーションで動いているように感じた」り、「相手の動きがすべて予想通りに動いて見えた」りするなどという、特殊な状態です。

メンタルトレーニングの1つの目標は、この理想的な心理状態をいつでもどこでも作り、最高のプレーができるようにすることです。

これは、緊張とリラックスのバランスが最良の状態にあるときに訪れるものだといわれています。

つまり、緊張しすぎず、リラックスしすぎていない最高の心の状態というわけです。

また、目標が明確で、成功のイメージができており、プラス思考で迷いがない最高の状態(自信がある状態)ともいえます。

リラクセーションやサイキングアップは、この理想的な心理状態(ゾーン)に入るためのトレーニング(準備)なのです。

理想的心理状態例
- 周りがスローモーションに見えた
- ボールが止まって見えた
- 疲れなかった
- 集中力がすごかった
- 負ける気がしなかった
- すべてがうまくいった
- なぜかすごいプレーをしていた

理想的な心理状態を作る要因
1. 試合前のプラン
2. 自信と心理状態
3. 身体的準備と心理的準備
4. 興奮のレベル
5. 自分のプレーをどう感じるか、自分の進歩や発展をどう感じるか？
6. プレーへのやる気
7. 環境と状況の条件
8. 集中力
9. チームプレーと相互作用
10. 経験

［選手のゾーン（理想的な心理状態）体験例］

【バスケットボール】シュートが入る気がした

僕が理想的な心理状態になったのは、高校のとき、1試合で44得点を挙げた試合です。リングが大きく見え、どんな体勢からでもシュートが入る気がしました。ミスをしないという絶対的な自信もありました。

【野球】ボールが遅く感じた

高校のときの練習試合です。打順が1番だった僕は、その打席で初球を左中間に打ってスリーベースとすることができました。そのときはやけに落ち着いていて、何もかも冷静に判断ができました。そのときのピッチャーのボールはとても遅く感じました。

【陸上】身体が軽かった

ある記録会で、自分が走る前に友達がすごく積極的なレースをしました。そこで自己新記録を大幅に更新したのを見て、すごくやる気がわいてきたのです。

自分のレースになったときには、身体がすごく軽く感じました。そうしたら、僕も自己新記録を出していました。

【サッカー】自然に身体が動いた

全国大会の予選。相手は強豪のJリーグクラブ傘下のユースチームで、親も、彼女のお母さんも観に来ていました。

この日は初めから最後まで集中できていて、どんなに走っても疲れず、自然に身体が動いていたように感じました。試合前から絶対に勝ってやるとやる気満々でした。

【競泳】なぜか優勝を確信

マイナスのことをまったく考えませんでした。日本選手権のことです。苦手としている種目だったのですが、怖いと思わず前向きで、かなりリラックスしていました。泳ぎ終わると、日本新記録という結果を出していました。このとき、私はなぜか優勝できると思って泳いでいました。

【バドミントン】すごく楽しんだ

インターハイの団体戦でした。相手は全国ベスト4の強豪だったのですが、ビビることなく試合に臨めました。

全然周りのことが気にならず、シャトルを追いかけていました。1本決めるとメンバーが喜び、自分もガッツポーズを取ったりしてすごく楽しんでいました。

また、いつもベンチで怒った顔をしてる監督が、必死に自分を応援してくれているのも目に入りました。試合後、周りに「すごいプレーだった」とほめられました。

【アーチェリー】妙に楽しかった

高3の国体の県予選でした。いつもと変わらず、練習のときの気分で普通に打っていました。ただ、妙に楽しくて10点から外れる気がしませんでした。

バランスもタイミングもすごくよくて、これ以上ないというぐらい楽しい気分でした。結果として、県記録が出ましたが、試合前は記録を狙ってはいませんでした。

その後、日本記録を出したときも同じような気持ちで非常に楽しく、終わってみれば日本新だったというぐらいの感覚でした。

【スキー】1位になるのがわかった

すべての面で思い通りでした。前半終了後、後半は自分が1番でゴールする、と感じていた。なので、実際に後半は大きく、焦らず滑っていたと思う。ライバルがどんなことをしても全然気にならなかったし、自分が1位になるのがわかったていたから。

「今すぐ使えるメンタルトレーニング　選手用」(ベースボール・マガジン社)より再録・抜粋　一部加筆・修正

ステップ12 イメージトレーニング

想像力で予習・復習

あなたは、オーストラリアンフットボールのスローイングをイメージできますか？

イメージができたら、身体を動かしてプレーをしてみてください。

いかがですか？

おそらく、できる人は少ないでしょう。多くの人がこのスポーツを知らないために、イメージができず、そのためプレーもできなかったはずです。

このことは、知らない動きやイメージできない動きは、プレーすることができないということを表しています。

つまり、イメージトレーニングは、自分がこんなプレーをしたいという準備をするために成功のイメージを作るものです。そ れをトレーニングで何度も繰り返し、本番で発揮するのです。

同時に、新しい技を身につける際にも有効なトレーニングです。

また、ケガをした場合、身体を動かせなくてもイメージはできます。時間や場所、状況にとらわれず、24時間どこでもできるトレーニングというわけです。

イメージトレーニングには、大きく分けて初心者用と上級者用の2つのやり方があります。

●初心者用…新しい技術を身につけるために行うイメージトレーニング

●上級者用…すでに身につけた技術や体力を、試合で発揮するためのイメージトレーニング

初心者用は、熟練者（うまい人、先輩など）

試合が決まったら、試合の1日をシミュレーションする。不安なく試合に集中するための重要な心理的準備となる

を見て、自分のプレーをイメージすることで、技術を身につけるのに役立てます。

上級者用では、次の試合をイメージして、さまざまな場面で行うことや、予期しないことが起こったときのために、以下のような対処法や、試合前の実力発揮法をシミュレーション（模擬体験）しておきます。

- ●試合半ばでリードされたら行うこと
- ●勝ち続けているときに行うこと
- ●このような想定したことを実行するイメージを作る
- ●戦術や作戦のミーティング

このように、イメージトレーニングは、試合に関して起こるあらゆる状況を想定し、当日にあわてたりすることのないように、準備をしておく、というところまでが含まれています。

練習日誌の活用

イメージトレーニングの一番よい方法は、練習日誌を書くことです。

練習日誌は、次のような２つの効果があります。

- ●1日の練習を振り返ることで、過去を思い出す
- ●思い出したイメージを、身体を動かしながら、修正したり、洗練したりして、成功イメージを作る
- ●成功イメージができたら、それを何度も繰り返し、明日の試合（未来）で使えるように準備する

練習日誌を書く習慣をつけることにより、毎日イメージトレーニングをする時間を作ることと考えてください。

また、イメージトレーニングは頭の中だけでするものではありません。頭の中で作ったよいプレーのイメージや、ミスを修正するイメージを、身体を動かしながら行うのです。

脳というコンピュータに、イメージをインプットし、そのイメージを身体にインプットする（覚え込ませる）のです。

試合当日のシミュレーション例

- ●**起床**：セルフコンディショニングを行う。1日の準備（朝の体操や散歩など）をして、気持ちのよい朝とする。
- ●**朝食**：セルフコンディショニングでお腹が減るので、おいしく朝ごはんを食べられる。クラシック音楽などをかけ、できるだけゆっくりと楽しく食事する。
- ●**移動**：試合会場へ。音楽を聴き、気持ちをコントロールしながら移動する。
- ●**着替え**：更衣室では軽快な音楽で気持ちを乗せながら、着替えなどをすませる。
- ●**散歩**：着替えたら、試合場周辺の散歩をして心の準備をする。
- ●**ウォーミングアップ**：
  ❶心理的ストレッチ（リラクセーション）
  ❷心理的ウォーミングアップ（サイキングアップ）
  ❸身体のウォーミングアップ（動的・静的ストレッチなど）
- ●**試合直前**：集中力を高める心理的スキルやチームルーティーンを行う
- ●**試合開始**：万全の状態で試合スタート

ステップ13 **集中力**

集中力を作り出す

集中するとは、自分のやるべきことに意識を集めて、自分の最高のプレーをすることと言い換えてもいいでしょう。

では、何をどうしたら、集中力が高まり、最高のプレーができるのでしょうか？

集中力というもののメカニズムを理解し、トレーニングして、あなたの上達や実力発揮に役立てましょう。

日本オリンピック委員会の心理班が、ある年、インターハイや全日本中学校大会でベスト16に入賞した各競技の監督998人を対象に調査をしました。

そのとき、練習において一番大切な心理的スキルは何ですか？　という質問で一番多かったのが「集中力」でした。しかし、実際に一番重要だと考える集中力のトレーニングはどうしていますか？　という質問には、自分の経験のなかで工夫はしているものの、具体的なトレーニングは何もしていないチームがほとんどであるという結果となりました。

監督たちは、「集中して練習するんだ」、「集中力が大事だ」「気合いを入れて練習しろ」などとどなり、「おまえは集中力が足らん」「もっと集中しろ」と言って集中力のなさを選手の責任にしていたのです。つまり、集中力の高め方について、具体的な指導がなされていなかったというわけで

す。

ある指導者は、「常に試合を意識させて、緊張感のある状態で練習させています」と答えましたが、実際には怒り、どなりまくって、違う意味での緊張感の中で集中させていたという事実もありました。

読者であるあなたには、ぜひ、本書を通じて集中力の高め方を身につけてほしいと思います。

パフォーマンスルーティーン

イチロー選手の約束事

では、ここで少しその具体的方法を紹介しましょう。

たとえば、大リーグで活躍したイチロー選手の例を見てみましょう。

イチロー選手は、ベンチからネクスト・バッターズ・サークル、そして打席までいつも同じように歩きます。

イチロー選手は打席まで歩き、打席に入り、バットをぐるりと回す動作までを、打席で「集中」するための大切な時間であり、打つための重要な準備の時間であると語っています。

これは、「パフォーマンスルーティーン」と呼ばれ、集中力を高めたり、気持ちを切り替えたり、自分のリズムを取るための心理的テクニックです。

イチロー選手は、単に打席に入っている

のではなく、打席に集中するためにいつも同じ動作をしていたのです。このイチロー選手の考え方をマネしてみることは、あなたもすぐにできるでしょう。

フォーカルポイント
気持ちの切り替わる一点を決めておく

集中力を高めるために、フォーカルポイントという心理的なテクニックもよく使われます。

これは、大リーグで活躍した長谷川滋利投手が活用していたもので、試合場のある一点（場所）を自分で決め、そこを見ると気持ちが切り替わることを決めておくというものです。

その点を見たときに、「集中力が高まる」「集中力が回復する」「集中力を高めるための深呼吸を思い出す」などと決めておくのです。

一点（場所）はどんなものでもいいのです。得点板でもいいですし、時計や照明などでもよいでしょう。自分の中で決まりを作っておけば、どんな試合場でも応用でき

いつも同じ動作を行うことで集中を高める「ルーティーン」。イチロー選手は打席に入るときにいつも必ず同じ動作を行っていた

ますね。

　このようなテクニックを使いこなすためには、こうした動作や考え方が、集中力を高め、試合で実力を発揮するための方法であるということを理解しておかなければなりません。そして、毎日の練習で「集中力のトレーニング」として繰り返し行い、心理的スキルを洗練させておくことが必要になります。

　集中力を高めるには、いろいろな方法があります。毎日実施できるリラクセーションのプログラムの中にある、リラックスすると同時に集中力を高めるテクニックを紹介します。

- 音楽を聴き、音楽に意識を集中する。
- 笑顔で胸を張り、上を向く「ヘッズアップ」という姿勢で自分の身体に意識を向け集中する。
- 顔、頭、肩、腕、手、お腹、背中、おしり、右足、左足と身体全体を軽くセルフマッサージし、マッサージしているポイントに集中する。
- 大きな声、大きな動作であくびをしながら集中し、気持ちを切り替える。
- 空手の型を応用した呼吸法で、呼吸と動作を合わせながら意識を集中する。
- 上半身のストレッチをしながら、呼吸を合わせて、手や肩に意識を集中させていく。
- 5秒かけて鼻から息を吸い、体全体に力を入れて5秒止める。そして8秒かけてゆっくり力を緩めてリラックス感を得る漸進的筋弛緩法を行う。力を入れるときには、目を開いて上を向き、唇を尖らして、歯を食いしばる。手首やつま先など体の動きを感じながら、**身体全体や心を集中させる。**

　このようなプログラムを毎日実施することで、何をどうしたら集中力を高められるかを知り、テクニックを洗練させることができます。いつでもどこでも使いこなせるように繰り返しトレーニングすることが大切です。

　もっと詳しく知りたい方は、ベースボールマガジン社から発売されているDVD「高妻容一の実践メンタルトレーニング」を参考にしてください。

集中・気持ちの切り替えの例

- 胸を張り自信がある姿勢や態度をとる
- 頭を上げ、上を向くことで頭の中をプラス思考にする
- 深呼吸をして心を落ち着かせ、吐く息に意識を集中して集中力を高める
- 「よーし！ いくぞー！ 気合い入れていこう！」などのセルフトーク（自分で自分に話しかける）。声を出すことで気持ちを切り替えたり、気持ちを乗せたりする

ステップ14 プラス思考(ポジティブシンキング)

すべてを前向きに考える

あなたは、プラス思考人間ですか?

それともマイナス思考人間ですか?

プラス思考とは、「やる気」「強気」「自信」に満ちた思考のことで、考え方をポジティブ(楽観的)にするということです。

理論的には簡単なことですが、これを実践することが非常に難しいのです。スポーツにおいて、プレッシャーは、見えない重圧、見えない金縛りとなって選手が実力を発揮する際に邪魔をしてしまいます。

では、あなたの24時間はプラス思考ですか?

普段マイナス思考の人が、試合のときだけプラス思考になることは考えられません。

そこで、普段の生活からプラス思考になるトレーニングをして、本番でも最高のプレーができるようにしましょう。

プレッシャーは、結果を考えることから、「不安」「心配」「悩む」「気になる」など、ある種の圧迫感を覚える状態です。

このようなマイナス思考を引き起こすプレッシャーは、なぜ感じるのでしょうか?少し考えてみましょう。

- ●自分の考えや気持ちの持ち方でプレッシャーが起こる
- ●プレッシャーは、自分の考えで作るものである。同じ状況でプレッシャーを感じる人と感じない人がいることから、その人の考え方次第でプレッシャーが敵にも味方にもなる
- ●試合の勝敗や記録など、「結果」を考え、気にすると、心理的な圧迫感や重圧感に襲われる

結局、選手は、プレッシャーがかかると、「不安」「心配」「あせり」「考えすぎ」「迷い」などのマイナス思考が頭の中で起き、いつもとは違う状態になります。

そこから、呼吸が乱れ、筋肉の動きに微妙な変化が起きます。そうなると、身体の動きがおかしくなり、信じられないミスが起き始め、ミスを繰り返すことによってマイナスの失敗イメージが頭の中に焼きつき、ついには恐怖感までも出て、イップス(パフォーマンス恐怖症)になる可能性も生まれます。

そこで、これらの解決法として、「プラス思考」になるための心理的スキルをトレーニングするわけです。

負けて落ち込む決まりはない!

たとえば、「野球が好き」という気持ちがあれば、好きなことをするわけですから「練習が好き」で、「練習や試合が楽しいしおもしろい」と感じることは当たり前です。

しかし、これができない。試合で負けれ

ば、すぐ落ち込み、ミスをしても落ち込む
のです。

ここで、考えてください！

試合で負けて、あるいはミスをして、な
ぜ落ち込まなければならないのですか？

ルールブックに書いてありますか？

コーチは落ち込めと指導していますか？

この単純な考え方（哲学）に気づいてほ
しいのです。

これにあなたが気づいたなら、プラス思
考のトレーニングがスタートできます。

好きなスポーツの練習や試合が、おもし
ろくなかったり、楽しめないなどという、
これほど矛盾したことはないはずです。な
のにうまくいかない。

選手は、指導者（監督・コーチ）が怒れ
ば「監督は、自分のことを認めて、ここを
直せばおまえはもっとうまくなるよ」と
言ってくれていると感謝する気持ちになれ
ない。

なぜ、ミスをしたら「よかった、ミスを
したおかげで自分の欠点が見つかった」と
考えたり、試合で負けたら「負けたおかげ
で、自分の修正するところがわかった。い
い経験をした」と考えられないのでしょう
か？

指導者は、ミスをした選手や、試合で負
けたチームに対してなぜ怒るのでしょう
か？

「指導法が間違っていた」「足りない点が
あった」「アドバイスが選手に伝わってい
なかった」「この試合で反省点が見つかっ

た」「次の指導へ活かそう！」

なぜ指導者は、こんな風に考えられない
のでしょうか？

このような考え方ができれば、あなたは
プラス思考になれたといえます。

他人や天気はコントロールできない

一方、なぜ指導者は選手の責任にし、選
手は指導者の責任にするのでしょうか？
「あいつがこうしていれば、こうしてくれ
れば」「監督がこんな指示をしたから」監
督が怒るから……」

このように、他人の責任にし、不平や不
満を持つ人は、マイナス思考の人間だとい
えます。

他人はコントロールできないものです。

プラス思考を表す言葉

- やる気
- 強気
- 積極的
- 前向き
- 自信
- 余裕がある
- 好き
- 楽しい
- おもしろい
- ワクワクする
- 燃えている
- 乗っている
- いい雰囲気
- いい気分

プレッシャーを感じている状態

- 不安
- 心配
- 気になる
- 考える
- 悩む
- 迷う
- あせる
- 恐怖を感じる
- ある種の圧迫感を
  覚えて、弱気、守
  りの気持ち、逃げ
  の気持ちになって
  いく

また、自然（天気・温度）や道具、グラウンドコンディションなどは、あなたがどうにもできない、コントロールできないものです。コントロールできないことに思い悩み、不平や不満をいっても無駄なことですし、大切な時間を費やして泥沼にはまり込むだけで、自分で自分の首をしめるようなものです。

自分のコントロールできないものに惑わされずに、「今の環境や状況で自分ができるベストのことをしましょう」というのがプラス思考の基本的な考え方です。

1日24時間をプラス思考で過ごすことがプラス思考のトレーニングとなり、あなたの生活やスポーツをより楽しいものにしてくれるでしょう。

日常生活からプラス思考を心がけよう。天気や他人など、自分ではコントロールできないことに不満を持つより、自分ができることを考えよう

ステップ15 セルフトーク

できる！ まだまだ！

セルフトークとは、自分自身と話をする自己会話のことであり、自分で自分に自己暗示をかけていく方法です。

プラスの言葉をつかうことで自分の気持ちを切り替え、感情をコントロールすることに役立ち、その上、このスキルはやる気も高めてくれます。

選手は、練習や試合のときに「よし！」「まだまだいける！」などの独り言や内言（頭の中で考えること）をしています。

このように口に出る言葉や声を24時間ポジティブ（楽観的）なものにするという方法です。プラス思考でなければ、楽観的な言葉づかいや声を出すことはできません。

たとえば、以下のように自分に言い聞かせるように、また独り言をいうように自分と話をします。
「自分はうまい！ 強い！ 世界一だ！ そうだろう？ そうだ、自分はこれをすれば勝てる！ 己に勝つことだ！」「できる！ やればできる！ 自信をもって！ よし！ いける！」

このように口に出すことで不安を打ち消し、自信を持つようにトレーニングします。

ステップ14で紹介したプラス思考にするためのトレーニングとして、このセルフトークを使うことができます。

口から出る言葉をポジティブにし、24時間、口から出る言葉や声をポジティブにすることで、トレーニング効果として習慣化できるのです。たとえば、このような感じです。

「いただきまーす！」
「ごちそうさまでしたー！」
「いってきまーす！」
「ただいまー！」（元気よく）

このようなひとりごと（セルフトーク）を24時間使うトレーニングをすることで、頭の中をプラス思考にし、気持ちを切り替える心理的テクニックを身に着けることができます。

今までの人生でマイナス思考が習慣化された頭（考え方）をコツコツと少しずつプラス思考にしていきましょう。

あなたのひとりごとや声など口に出る言葉がすべてポジティブになれば、あなたのセルフトークのトレーニングはより洗練され、同時にプラス思考のトレーニングをすることにもなります。

ステップ16 サイキアウト

名前負けしないために

あなたは、試合前に相手チームの"名前に負けた"経験はありませんか？

強豪校の名前を聞いて、それだけでひるんでしまうことです。名前負けすれば、試合前から気持ちが負けているわけですから、試合に勝つ可能性も低くなります。

これとは逆に、試合前に相手よりも心理的優位に立てれば、勝つ可能性も高まります。ステップ16では、何をどうすれば、相手より精神的に優位になれるかをプログラム化して、トレーニングします。

格闘技などではたとえば、相手に対して「眼をきる（にらむ）」ことで、こちらの精神力の強さをアピールして、相手をひるませる方法を、多くの選手が実行しています。

本書では、試合前のあいさつのときに、相手より大きな声を出してこちらのやる気を見せて相手の気持ちをそいだり、ウォーミングアップで自分たちの気持ちのノリを作ると同時に、相手がびっくりするような声で、「自分たちは手ごわいぞ」といったアピールをして、相手よりも精神的に優位に立つことを意図して行う方法をおすすめします。

ただしやりすぎると、卑怯な方法にもなりますので節度ある行動が求められます。

試合では元気よくあいさつしたり、チーム内で声を出したりしよう。心理的優位に立ち、自信を持って試合に臨む準備になる

ステップ17 コミュニケーション

あなたは、監督やコーチなどの指導者とコミュニケーションがとれていますか？

チームメートとのコミュニケーションは、いかがですか？

コミュニケーションをとるためには以下のようなことが必要です。

- 話す
- 聞く
- 見る
- 見せる
- 感じる
- 翻訳する
- 理解する

特に、双方向のコミュニケーションやポジティブなコミュニケーションはできていますか？

コミュニケーションがうまくいけば、指導者と選手、指導者と保護者、選手と保護者の人間関係は良好であると考えられます。特に、チームスポーツのチームワークは、このコミュニケーションスキルの向上が大きな要因になります。

あなたは、指導者（監督・コーチ）を信頼していますか？

彼らのアドバイスを素直に聞けますか？

指導者のアドバイスに満足していますか？

指導者とのコミュニケーションができていれば、上の質問に「Ｙｅｓ」と答えることができるでしょう。

もし「Ｎｏ」ならば、指導者と選手のコミュニケーションがうまくいっていないかもしれません。

では、チームメートや先輩、後輩、サポートスタッフとの人間関係（コミュニケーション）は、いかがですか？

中・高生や学生のあなたは、保護者（親）とのコミュニケーションはできていますか？

友達や恋人（彼氏、彼女）などとの人間関係はスムーズですか？

コミュニケーションがうまくいっているということは、目的ややるべきことに対する共通理解や、チームワークがあると考えられます。

それでは、具体的に何をすれば、あなたのコミュニケーションスキルが向上するのでしょうか？

プラス思考やセルフトークの項で紹介した、プラス思考にするためのトレーニングとして、口から出る言葉をポジティブにし、24時間の会話をポジティブにする方法を試してください。

これを行えば、コミュニケーションのトレーニングとして、ポジティブなコミュニケーション（対話）が習慣化できるはずです。普段のあいさつや会話をポジティブにし、いつも感謝の言葉を使うことは、自分

に対するコミュニケーションのトレーニングとなり、同時にプラス思考やセルフトークの心理的スキルが習慣化されていきます。あなたの会話や口に出る言葉がすべてポジティブになれば、プラス思考やセルフトークのトレーニングは、同時にあなたのコミュニケーションスキルのトレーニングにもなるというわけなのです。

相手をほめる会話を多くし、お互いにほめ合える環境が必要です。ほめられたら「ありがとう」と感謝の言葉を伝えましょう。24時間、ポジティブな会話をすることが、あなたの頭の中を少しずつプラス思考にしていくトレーニングプログラムになります。

ポジティブなコミュニケーション例

シチュエーション	会話・あいさつ例	意味・効果
朝	「おはよう！」 「今日も朝ごはんありがとう！」 「いってきまーす！」	普段の会話からポジティブであれば、コミュニケーションがポジティブになる。
学校や職場	「おはよう！」（元気よく）	学校の勉強や仕事への「心の準備」ができていれば、気持ちよくいえる。
練習前	「こんにちは〜！お願いしまーす」	部活動をやりたいという「やる気」や「心の準備」ができていれば、体育館やグラウンドに入る前、気持ちのいいあいさつが自然に出てくる。

みんなで高めるチームワーク

チームワークとは、どんな意味でしょうか？

専門用語では、「グループダイナミクス（group dynamics、集団力学）」や、「チームコヒィジョン（team cohesion、団結）」などという言葉を使い、全員が協力して行動する、団結するなどという意味になります。

そこには、チームの目的や目標が明確で、指導者も選手も含めて共通理解ややる

べきことを理解しており、みんなで行動を取れることが必要になります。そのためには、目標設定（個人とチーム）、監督やコーチとのミーティング、ポジティブなコミュニケーション（会話や声かけ）、プラス思考などが必要です。

全員が24時間、プラス思考でポジティブな会話ができるようになればチームワークは高まるでしょうし、明確な全員の目標がモチベーションを高めてくれるでしょう。「チームルーティーン」という全員で行う声かけや、ある動き（パターン）を行うことで気持ちを切り替えることを決めておき、集中と気持ちのノリ、そしてチームワークを高めるという方法があります。

具体的には、右の表に示したようにみん

なで大きな声を出すという方法があります。全員が同じ声で、同じ動作をして呼吸を合わせることで、気持ちを1つにする方法です。

また、みんなで同じ歌を歌うのもいいでしょう。試合会場に向かうバスの中で、みんなで気持ちの乗る歌を歌うという方法も、楽しむことで集中力を高め、気持ちや雰囲気を作る効果があります。

声かけのチームルーティーン例

● 「1・2・3・4・5・6・7・8・9・10！」と数を数える。
● プラスの言葉を言う。
「できる」「大丈夫」「やればできる」
「可能だ」「まだまだ」「やれる」
「いける」「次・次・次」「よ〜しいくぞ〜」
「イチ・ニ・サン・ダーッ！」など

ステップ18 セルフコンディショニング

あなたは、夜寝る前に何かしていますか？

また、朝、気持ちよく起きるためにしていることはありますか？

朝、気持ちよく起きて、1日の心の準備をしてその日を過ごせば、質の高い（気持ちのいい・上達する）毎日が送れるはずです。

1日24時間を活用するトレーニングをしてみませんか？

ステップ18では、ここまで学んできた心理的スキルを生活（24時間）のなかで活用し、トレーニングをしていきます。

1日のなかのさまざまな時間帯に、自分でコンディショニングを調整する習慣（トレーニング）をつけるということです。

朝のセルフコンディショニング

● 目覚ましで起きて、大きな声であくび
● 深呼吸3回
● 顔をマッサージ
● 寝床でできるストレッチ
● 身体を起こしてストレッチ
● 立ってストレッチ
● 軽快な音楽をかけて身体を動かす
● 鼻歌を歌いながら顔を洗う
● 朝の散歩をする
● おいしく、楽しく朝食をとる

プログラム6 試合のための心理的準備

メンタルトレーニングの最後の段階です。

ここまで紹介してきた心理的スキルやテクニックを活用して、徹底して勝つための心理的準備をするプログラムです。

何をどうすれば勝つのか、成功する可能性が高まるのかを1つのトレーニングとして行います。

ステップ19 試合に応用するテクニック

勝つためのプランを作る

試合で成功するには、徹底した準備が必要です。それは、勝つためであり、勝つことよりも大切な自分にとっての成功のためです。

この準備は、毎日の練習で身につけた技術・戦術・体力などを試合で発揮するためのものです。そのためには、毎日の練習を「練習のための練習」ではなく、試合で使える質の高い練習にすることが基本です。

その上で、試合が決まった日から逆算して準備をすることが必要です。これを「勝つためのプラン作り」と呼びます。

試合の前日から当日にかけて起きうることを想定し、自分がやりたいことやるべきことの優先順位を決めておきます。そして、試合で勝つ可能性を徹底して高めるというプログラムです。

試合前の準備チェック項目
- 試合場の下見
- 1日の試合のシミュレーショントレーニング
- マスコミ対策
- 遠征対策
- 家族や友達、ボーイフレンド、ガールフレンドなどとの関係

勝つためのプラン作り　例

シチュエーション	チェックポイント
試合前日まで	●試合会場への交通手段は？ ●試合会場の規模・雰囲気は？ ●試合前日にすることは？
試合当日	●朝はどう過ごす？ ●朝のセルフコンディショニングは？ ●食事は？ ●試合会場へ行く途中は？
試合会場で	●着替えるときは？　●試合場の下見は？ ●心理的ウォーミングアップは？ ●身体的ウォーミングアップは？ ●試合直前は？
試合開始後	●試合開始直後は？ ●試合の中盤では？ ●プレー中、ハーフタイム、試合と試合の間の時間は？
試合後	●試合が終わったら何をする？

[球拾いもイメージトレーニング]

最近ではイメージトレーニングという言葉を、広く一般の人々にも理解していただけるようになりました。

専門用語では、ビジュアライゼーション（visualization）、またはイマージュリー（imagery）といいます。

イメージトレーニングという言葉は、イメージを使ってトレーニングするということから生まれたと考えられる和製英語です。しかし、この言葉は、日本語の中にすでに定着しているために本書でも使用しています。

イメージトレーニングとは、頭の中で何かを思い浮かべる（心象・想定・イメージ）することです。

多くの方は目を閉じてイメージすることがイメージトレーニングだという見解のようですが、実際には身体を使いながら行うトレーニングでもあるのです。

野球部に入部した1年生は球拾いをよくさせられます。

1年生は、球拾いという作業をやりながら、先輩たちのプレーを見ることができます。

つまり、自分がやること、やりたいことを「見る」という第一段階があり、メンタル面の素質のある選手は先輩たちのプレーを見ながら、「そうか、あの場面ではこうやるのだな」などと考え、それをマネしようとします。メンタル面の素質のない選手は、「野球部に入ったのに、球拾いばかり」と文句を言うでしょう。

これは、球拾いの目的や意図を知らないことから起こると考えられます。このような場合、イメージトレーニングの1つであることを紹介して、メンタル面の強化をしていけばよいのです。

イメージトレーニングの第一段階は、「見ること」「知ること」から入ります。

野球をはじめとするスポーツの世界で初心者に「球拾い」などの補助的作業を担当させ、先輩たちのプレーを見る機会を与えるということは、トレーニングの1つとなっているのです。

ただし、スポーツ心理学という学問的背景から見ると、イメージトレーニングの基本はリラクセーションにあります。

これは、リラックスした状態でイメージトレーニングを行わなければ、効果が半減してしまうという科学的根拠があるからです。つまり、コーチが言葉だけで、また怒りながら「イメージしろ」「思い出せよ」「テレビを見てイメージしろ」などと指導しても、あまり効果がないということです。最初にリラクセーションを実施してから、イメージトレーニングを行うことが効果的です。

球拾いをしながら、先輩や仲間の技術を観察。これがイメージトレーニングの時間となる

第3章
実践編

メンタルトレーニングの方法

第3章ではメンタルトレーニングの実際の方法を紹介していきます。第2章で解説した心理的スキルの具体的な活用方法です。巻末付録のワークシートに主な書き込み用紙があります。

各プログラム・各ステップの順序と目的

第3章では、メンタルトレーニングの具体的な方法を紹介していきます。

第2章で学んだ基本的な考え方と解説内容に照らし合わせながら、実際に行ってみてください。

メンタルトレーニングでは、各プログラム・各ステップで使用する心理的スキルがそれぞれ影響しあい、それぞれの場面に応じて使われていきます。

たとえば、セルフトークは、ポジティブシンキングを根底にして行うものなので、セルフトークの実践時には、ポジティブシンキングのページを読みながら行うとより理解が深まります。

各ステップにおいて、方法が似ていたり、重なっていたりするのは、このような理由

表1 各プログラム・各ステップの順序と目的

プログラム1 自己分析 →

プログラム2 メンタルトレーニングを行う理由の理解 →

プログラム3 やる気を高める

ステップ1
スポーツ心理テストを使用

ステップ2
質問回答形式の自己分析
目的◎自分の心理状態やメンタル面の強さなどのチェック

ステップ3
目的や効果の理解
目的◎なぜメンタルトレーニングを行うのか、自分自身で理解して取り組む

ステップ4
目標設定
目的◎自分のやりたいこと、やるべきことを確認し、やる気を高める

ステップ5
姿勢で気持ちをチェック

ステップ6
心拍数や脈拍の確認
目的◎精神状態によって変化する姿勢や心拍数などをさまざまな状況下において事前に確認する。緊張を和らげたり気持ちの切り替えに活用できる

ステップ7
呼吸法の確認とコントロール

ステップ8
音楽の利用
目的◎音楽を活用することで、気持ちの切り替えができたり、プラス思考を助けることができる

プログラム4 セルフコントロール

からです。
　このページには、各プログラムの各ステップの目的をまとめてあります。実際に行いながら、自分がどの位置にいるか確認したり、他のステップへ戻りたいときなどに活用してください。

第3章 メンタルトレーニングの方法

プログラム5
心理的スキルの活用

ステップ9
リラクセーション
ステップ10
サイキングアップ
目的◎朝や練習、試合前に気持ちの準備をして、試合で勝つ可能性を高める

ステップ11
理想的な心理状態
目的◎最高のプレーをするときの心理状態を知る

ステップ12
イメージトレーニング
目的◎練習日誌を活用し、毎日の練習の反省と明日への練習の課題の確認をする。試合で最高のプレーをするための準備となる

ステップ13
集中力
目的◎試合当日の大切な場面で実力を発揮できるようにメンタル面の準備をする

ステップ14
プラス思考（ポジティブシンキング）
目的◎スポーツ選手にとって最も重要な考え方。毎日の生活をすべてプラス思考にして、いつでも「楽しめる」心理的状態にする

ステップ15
セルフトーク
目的◎発言を常にプラス思考にして自信をつける

ステップ16
サイキアウト
目的◎試合で相手より心理的優位に立つ

プログラム6
試合のための心理的準備

ステップ19
試合に応用するテクニック
目的◎ここまで学んできた心理的スキルを試合で活用し、試合で徹底して勝つための準備をする

ステップ17
コミュニケーション
目的◎周囲との調和をはかり、気持ちよく練習や試合に臨めるようにする

ステップ18
セルフコンディショニング
目的◎1日を通じて自分自身を調整し、常に良い状態を保てるようにする

65

プログラム1 自己分析

メンタルトレーニングをスタートするにあたり、一番最初に取り組むのが自己分析です。私は、統計学的手法にのっとった信頼性や妥当性のある、標準化された心理テストを使用しています。

ここでは、3つの心理テストとその使用方法、さらに分析方法を紹介しましょう。

ステップ1 スポーツ心理テストを使用

1 心理的競技能力診断検査 (DIPCA.3)

選手自身が長所と短所を知る

選手のメンタル面の強さや長所・短所を見つけ、その後のメンタル面強化のトレーニングをするときの目安にします。

この心理テストは、メンタルトレーニングを始める前（シーズン前）、開始してから半年後（シーズン途中）、1年後の一番重要な大会前（シーズン最後の試合前）の年3回実施します。

基本的に、メンタルトレーニングを始めてどれくらいメンタル面が強くなったかなどを分析するのに使います。

ここで注意して欲しい点は、**基本的にコーチには個人的なデータは見せない**ということです。選手個人のデータを見ることで、コーチがそのデータから選手をラベル化しないためにも、見てはいけないものであることを認識してください。指導的立場にいる人であれば、多かれ少なかれ個人データを見たいと思うでしょう。でも、これはあくまで選手自身が自分のメンタル面を知り、向き合うための道具です。

指導者は、レギュラー・非レギュラー別、各学年別、ポジション別などの平均点を、指導の参考として見てもらいたいと思います。

図1は、メンタルトレーニングを3年間実施したチームと、まったくやっていないチームを比較したものです。このようにどちらのチームのメンタル面が強いか、またバランスがよいかなど分析することも可能です。図1を見ると、実施群の方が心理的に安定しているのがわかります。

2 試合前の心理状態診断検査

試合前の準備方法を分析

試合前の心理的準備状態をチェックする

ために行うテストです。試合の2～3日前、1～2週間前、1カ月前に行います。

毎試合前にこの心理テストを実施することで、試合の内容や結果などと照らし合わせ、どんな準備をしたときによいプレーができ、どんな結果を残せたかといったことを分析することもできます。

最終的に自分がどんな準備をすれば最高のプレーや試合ができるのかを見つける、また確認する道具として使います。これも自分の心理的な準備状態を確認して、試合までに修正や調整をする材料にしたり、次の試合へ活用したりするデータとしてほしいのです。

3 試合中の心理状態診断検査（DIPS-D,2）

試合中の心理状態をチェック

試合が終わったあとに、試合を思い出しながら質問に答え、試合中の心理状態をチェックするのに使います。

つまり、試合中にどんな気持ちで、また

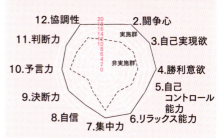

表2 **心理的競技能力診断検査（DIPCA.3）で分析できる12因子・5尺度**

12因子	●忍耐力　●闘争心　●自己実現欲 ●勝利意欲　●自己コントロール能力 ●リラックス能力　●集中力　●自信 ●決断力　●予測力　●判断力　●協調性
5尺度	●競技意欲　●集中　●自信 ●精神の安定　●作戦能力

図1 **メンタルトレーニングを実施したチームとやってないチームの比較**

実施群（――）224点　非実施群（----）142点

どんな心理状態であったかを把握するために使います。これも、基本的に毎試合行うのが理想で、自分がよいプレーができるときの心理状態や、ゾーン（理想的な心理状態）に入るためのデータとします。

ステップ2 質問回答形式の自己分析

答えていく途中で何かに気づく

巻末付録のワークシート01～04ページにある自己分析用紙Ⅰ、Ⅱを使用します。

質問に答えることで、自分の分析をしてみましょう。答えていくなかで何かに気づき、これまで考えたこともなかったことに気づくと思います。

答えるなかで、自分が今後何をすべきなのかについて考えていきましょう。

●心理テスト問い合わせ先
　株式会社トーヨーフィジカル
　TEL092-522-2922
　〒810-0014 福岡市中央区平尾3-7-21 圓ビル
　http://www.toyophysical.co.jp/
　作成者：徳永幹雄（九州大学名誉教授）、
　　　　　橋本公雄（九州大学元教授）

プログラム2 メンタルトレーニングを行う理由の理解

プログラム2では、メンタルトレーニングを行うための目的や効果の理解を深めるため、頭脳を使うトレーニングを行います。これを知的トレーニングと呼んでいます。これは「情報を集める」という意味で使います。書籍や映像資料などを自分で集め、自分なりのデータベースを作るのです。

ここでは、知的トレーニングのヒントとなる具体的な方法を5つ紹介していきます。

ステップ3 目的や効果の理解

1 書店や図書館で関心のある本を選ぶ

書店や図書館にはたくさんの本があります。その本の表紙から興味のあるもの、関心を持ったものを見つけます。

目次を見て本の内容を把握し、ここはおもしろそうだ、何か役に立ちそうだという点を見つけたら少し読み、これは絶対に役に立つと感じたら、買うなり借りるなりしてじっくり読んでみましょう。

それがメンタルトレーニングやスポーツ関連の本でなくてもいいのです。自分の心にひっかかったものであれば、あなたの役に立つものです。自分が必要なものを気軽に選んでみましょう。

2 映像を録画する

スポーツニュースやスポーツの特集番組などを見て、これは役に立つと思えば、DVDなどに録画しましょう。

じっくり見て、何かに気づいたり、そこから学びとりましょう。

特にトップレベルの選手の番組であれば、考え方、話す内容、トレーニングの仕方など、自分が学ぶべきものが必ずあるはずです。それを見逃さないようにしましょう。

3 インターネット上の情報を選ぶ

現在、インターネット上には、たくさんの情報があふれています。

いろいろなスポーツ用語や選手の名前、自分に役に立つ情報を見つけるトレーニングに関するものもあるでしょう。

関心のあるものを見つけたら、それらをどのようにして自分の知識とするのか、テクニックとして身につけるかを考え、努力をしましょう。

ただし、ネット上にはいい加減な情報も

多くあるので、1つの情報を信じるのではなく、客観的な姿勢でいくつかの情報を比べて良質なものを選びましょう。このような選択眼を養うことも、知的トレーニングとして重要です。

4 マンガを活用しよう

マンガも、自分のためになる情報を得るのに有効です。

作者の方たちはスポーツ科学についてかなり勉強していて、作品には新しい情報やトップレベルの選手の考え方などがたくさん盛り込まれています。

主人公の「モチベーション」や「プラス思考」などは、自分の気持ちを切り替えたり、やる気を高めたりするきっかけとなることも多いはずです。

スポーツマンガは、「自分もあのようになりたい」というような夢を持たせてくれ、モチベーションを高めてくれる内容が多いので、自分を投影して読みやすく、読書の入り口役としてもうってつけです。

5 あこがれの大会を実際に見てみよう

高校で硬式野球をしている選手なら、目指すのは甲子園ですね。そうであれば、実際に甲子園大会を観戦しに行ってみましょう。自分の夢や目標とする試合を実際に見て、モチベーションを高めると同時に、「もし来年ここに来たら、こんなプレーをしたい」などイメージトレーニングもできます。試合場の雰囲気や観客の様子、浜風や暑さを実際に感じることで、情報収集することができます。

あなたが目標とする大会は何ですか？目指す大会に一度足を運び、雰囲気を思い切り味わいましょう。

あこがれの大会や選手を見に行くことで、イメージトレーニングや情報収集につながる

プログラム3 やる気を高める

ここからは、自分のやりたいこと、やるべきことを確認していきます。

目標設定は8項目で1つのパッケージになっています。それぞれ書き込みながら行うものです。

巻末のワークシートがある場合は、ページを記載しています。

さあ、プログラムを実行して、あなたの役に立つ「やる気」を高めてみましょう。

ステップ4 目標設定

自分のやる気の出し方を知る

目標設定のまず初めは、自分のやる気の出し方について自己分析していきます。質問に答える形式で行います。

監督から怒られないとやる気を出せないのか、自分からやる気を高めることができるのかを知るのです。

うまくなる選手や一流選手は、自分で自分のやる気を高めることができます。

つまり、内発的モチベーション（やる気）があるかどうか。

「スポーツが好き」「楽しい」「おもしろい」「うまくなるのがうれしい」「きつい練習をすれば、うまくなるのが理解できているから頑張れる」など、心の底からのやる気のことです。

一方、外発的モチベーションは、「監督から怒られるからやる」とか「罰があるからやる」という、自分の外側から誘発されたやる気をいいます。

また、監督（指導者）が「やる気を出せ」とは言うものの、何をどうしたらやる気が出るのかを指導していないケースがあまりにも多くあります。

選手のなかにも「監督が悪いからやる気が出ない」という、自分のやる気を他人のせいにするマイナス思考の選手もいます。

まず最初にここで右のような質問に答えるのは、自分のやる気に対して、どのような考えを持っているのかに気づいてほしいという意図があります。

目標設定は8つで1つのパッケージ

❶ 結果目標
❷ プロセス目標
❸ スポーツ人生物語
❹ 年間目標
❺ 月間目標
❻ 週間目標
❼ 毎日の目標
❽ 練習日誌

やる気についての自己分析

やる気について自己分析してみましょう。下の質問に答えてください。

 あなたは、監督から「やる気を出せ！」と言われたことがありますか？（監督やコーチがいない人は他人から）

Ｙｅｓ：なぜですか？

Ｎｏ　：

 あなたの監督は、どのようにしてあなたのやる気を高めてくれますか？

 監督から具体的に自分でやる気を出す方法を教えてもらったことはありますか？

Ｙｅｓ：どのような方法ですか？

Ｎｏ　：

質問2 あなたは、どのようにしてやる気を高めていますか？

 あなたは、監督が悪いから「やる気が出ない」と思っていませんか？

Ｙｅｓ：

Ｎｏ　：では、あなたが悪いのですね？

内発的モチベーション
＝心の底からのやる気

- スポーツが好き
- おもしろい
- うまくなるのがうれしい
- きつい練習はうまくなるためだから頑張れる

外発的モチベーション
＝外部からの働きかけによって出るやる気

- 指導者に怒られるからやる
- 指導者から罰を受けるからやる
- 報酬（お小遣い）をもらえるからやる

1 結果目標

最初に人生の目標を書いてください。上から順番に書きます。

人生の目標をすべて書き終わったら、次はそれを見ながら、スポーツの目標を書いてください。これも上から順番に書きます。
制限時間10分で書いてください。

① 結果目標を書き込む

結果目標設定用紙
ワークシート➡06〜10ページ

	人生の目標	スポーツの目標
夢のような目標		
最低限度の目標		
50年後の目標		
30年後の目標		
10年後の目標		
5年後の目標		
4年後の目標		
3年後の目標		
2年後の目標		
1年後の目標		
今年の目標		
半年の目標		
今月の目標		
今週の目標		
今日の目標		
今の目標		

［大切な「好き」という気持ちの確認。長期的な目標設定を忘れずに］

これまで目標を設定したことがあったとしても、本書で紹介しているように、今、今年、1年後、10年後、30年後……といったように細かく設定したことがある人は少ないかもしれません。目標設定は簡単なようでいて、具体的に考えるのが難しいでしょう。

脅かすわけではありませんが、目標設定をおろそかにしてはいけないという意味で、ある例を紹介しましょう。

中学でメンタルトレーニングを指導者から学び、全国大会で優勝したある選手が、高校でスポーツそのものをやめてしまったケースがあります。

指導者はメンタルトレーニングをうまくコーチングに生かし、成績を上げたのですが、目標設定が中途半端だったのです。

というのも、記録を伸ばすことや、大会で勝つという結果を残すことには役に立てたのですが、どんな環境でもプラス思考で夢を追いかける、という内発的なモチベーションを高めるようなメンタル面強化までを指導できなかったのではないかと考えられるのです。

この選手がやめた理由はこのようなものでした。

「高校の監督が、根性主義で、メンタルトレーニングを理解してくれなかった。そんなことをするなら練習をしろ！ と言われた」

しかし、本当の意味でメンタル面強化をしていれば、原因が監督ではなく自分の気持ちや目標設定、考え方に問題があったと考えられます。

メンタルトレーニングは、「強くなりたい」「上達したい」「楽しいからやっている」、そして、「このスポーツが好き」というような、自らの内側からわき出るやる気を確認し、トレーニングしていきます。しっかりメンタルトレーニングを積んでいれば、たとえ監督と考え方が合わなくてもスポーツは続けていけるはずです。

勝つためだけにスポーツをすることは、メンタルトレーニングの目指すところではありません。

「スポーツが好き」「楽しい」から、メンタルトレーニングを行うのだということを忘れないようにしましょう。

第3章 メンタルトレーニングの方法

質問に答えることで自分の書いた目標を分析していきます。

目標の立て方はこのままでいいのかを確認し、立てた目標をどう活用して、自分のやる気を高めるのかを考えていきます。

また、より具体的な目標をイメージすることは、人生のイメージトレーニングとなり、スポーツの目標はこれからやりたいこと、やるべきことをイメージするイメージトレーニングでもあります。

② 質問形式で結果目標について確認する

結果目標設定用紙
ワークシート➡07～10ページ

質問1 人生の目標がスムーズに書けましたか？
Yes
No

質問2 あなたの人生についての感想は？

質問3 自分の書いた人生の目標を見て、死ぬ直前に満足していられそうですか？
Yes：
No ：なぜ？

質問4 あなたの「一生」が見えてきませんか？これは人生のイメージトレーニングだと思います。
あなたが満足できる人生を送るイメージ（プラン）はできていますか？
それとも何も考えていないのですか？
ぼんやりとしか考えていなかったとか……。どうですか？

質問5 自分のスポーツの目標がスムーズに書けましたか？
Yes　　No

質問6 あなたのこれからのスポーツ人生についての感想は？

質問7 自分の書いたスポーツの目標では満足して引退できそうですか？
Yes：
No ：なぜ？

質問8 一流選手ほど、自分の人生や将来のスポーツ人生を考えて、毎日の生活や練習をしているそうです。
あなたは、このままで満足のいく結果が出せそうですか？
Yes：よかったですね！
No ：何が必要ですか？

質問9 スポーツを引退したあとは、どうですか？　引退したあとの目標はできていますか？
引退後は、そのスポーツを利用・活用してどんな人生を歩くのですか？

質問10 目標設定をして、「自分がなんていいかげんなんだ」と気づきましたか？
Yes：これに気づいた人は、ラッキーだと思いませんか？　やる気を出して、自分の人生やスポーツにチャレンジしてほしいと思います。
No ：何も気がついたことはありませんか？（このままじゃ、やばいかも…）

質問11 結果目標を設定して、今思うことを感想として書いてください。

質問12 あなたが書いた目標設定を❶長期目標❷中期目標❸短期目標に分けてみましょう。
自分の一生とスポーツ人生の一生を3期に分けるとしたら、何年後が区切りになりますか？
このように分けることであなたのやりたいことがより鮮明になると思います。
「夢」が自分のやりたいと思う最終目標だとしたら……。

❶長期目標
時間をかけて成し遂げたい長い目で見た目標
（人生は：　　年から　　年後まで）
（スポーツは：　　年から　　年後まで）

❷中期目標
自分のピーク（最高のとき）や、それに向かって今から積み上げていく目標
（人生は：　　年から　　年後まで）
（スポーツは：　　年から　　年後まで）

❸短期目標
今すぐにでもやりたい、やるべきこと。
これをやり遂げたら確実に自分が向上し、中期目標や長期目標そして夢に1歩、2歩……と近づく目標
（人生は：　　年から　　年後まで）
（スポーツは：　　年から　　年後まで）

質問13 この短期目標を達成したら（やり遂げたら）、あなたはどうなりますか？

質問14 このような質問に答えてみて、書いた目標を修正したいと思いませんか？
もし、修正するとしたら、どこをどのように修正しますか？
赤ペンを使い、先ほど書いた結果目標を修正してみましょう。

質問15 修正した目標を見て感想を書いてください。

質問16 修正することで、あなたの夢や目標を達成する可能性が高まったと思います。それ以上に、やるべきことが明確になり、やる気が高まったと思いませんか？

質問17 今度は、目標設定用紙に自分の人生のピークが何年後か○をしてみましょう。

質問18 さらに、目標設定用紙に自分のスポーツのピークが何年後か○をしてみましょう。

質問19 あなたのスポーツ人生のピークは、何年後ですか？
そのピークに対して今のままで大丈夫ですか？ 予定通りですか？
それとも今から何かをしていかないと自分のピークが変なところに来てしまいませんか？
このことについて、何かひとこと。

質問20 あなたのスポーツにおけるピークを何年後かに設定したら、そのピークに対しての目標を達成するためのプラン（プロセス目標）を書いてみましょう。

第3章 メンタルトレーニングの方法

プロセス目標は➡次のページから

2 プロセス目標

72ページで書いた結果目標を見ながら、その結果目標を達成させるためには、何をどうしたらよいのかを具体的に書いてください。いつ、何を、どのようにすると達成できるか、というプロセス（過程）の目標を設定していくプロセス目標（プラン・計画）です。

目標達成のためのプロセス目標を立てる

プロセス目標設定用紙

	人生の目標	スポーツの目標
夢のような目標		
最低限度の目標		
50年後の目標		
30年後の目標		
10年後の目標		
5年後の目標		
4年後の目標		
3年後の目標		
2年後の目標		
1年後の目標		
今年の目標		
半年の目標		
今月の目標		
今週の目標		
今日の目標		
今の目標		

質問 プロセス目標を設定した感想を書いてください。

結果目標&プロセス目標まとめ
やる気は高まりましたか？

　ここまで結果目標でやりたいことを確認し、プロセス目標でその具体的なプランを立てるという作業（イメージトレーニング）をしてもらいました。それぞれを書いて、何か見えてきましたか？

　ここで、やる気が高まっていたらＯＫです。自分が夢や目標を達成するためには、何をどのように行えばよいのかわかっただけでもやる気が高まりませんか？

　一流選手は、このようにして自分のやりたいこと、やるべきことを理解して行動しています。ですから、自分のトレーニングや行動に迷いがない（悩まない）と考えられます。だからこそ、上達するし、試合で結果を出すことにつながるのです。

　たとえば、あなたが結果目標で「お金持ちになりたい」と書いたとしましょう（あまりにも多くの人が最初に書く目標です）。

　プロセス目標では、「どのくらいのお金持ちになりたいのか」、また「いつまでに」「何をどうして、そのお金を稼ぐのか」を具体的に考えて、書くという作業（イメージトレーング）をしたはずです。

　あなたが1日に100円貯金できるならば、10日で1000円、100日で1万円、1年で3万6500円、10年で36万5000円、50年で182万5000円となりますね。

　しかし、1日1000円ならば、10年で365万円貯金でき、1日1万円ならば、10年で3650万円と計算できます。

　このように自分の夢や目標をある程度計算できるようにして、夢をかなえるために行うことを把握し、目標を達成できる道すじを作ることができれば、やる気が高まるはずです。このように、自分の人生やスポーツの夢、目標を具体的にイメージしてみましょう。きっとあなたのやる気が高まると思いますよ！

やる気を高める計算方法

　あるテレビ番組で、青山学院大学が箱根駅伝で優勝したときの目標設定の仕方を放送していました。箱根駅伝で優勝するには、今のチームの記録を14分短縮する必要があります。そこで監督は、ビジネスマン時代に学んだ方法をスポーツに応用しました。具体的に説明すると目標設定とプロセス目標を立て、毎月1回実施する管理ミーティングで目標に対する取り組み（プロセス）を話し合い、選手それぞれが自分の計画を立てていたのです。

目標 14分短縮
❶箱根は10名で走る ❷1年で1人84秒短縮 ❸1か月7秒短縮

目標14分	×	秒に直す 60秒	=	840秒	
840秒	÷	10人で走る 10名	=	84秒	→1人当たり84秒の短縮
84秒	÷	1年 12ヵ月	=	7秒	→1ヵ月で7秒の短縮
7秒	÷	1ヵ月 4週間	=	1.75秒	→1週間で1.75秒の短縮
1.75秒	÷	1週間 6日	=	0.29秒	**→1日で0.29秒の短縮**

　1日に0.29秒の短縮ならば、自分でもできると思うのではないでしょうか？
　この方法は、まさに72ページと76ページで紹介した結果目標とプロセス目標のプログラムと同じ考え方です。またこの目標設定を毎月1回のペースで、年間12回書くことが私のプログラムになっています。なぜかというと、1ヵ月分の練習日誌の最初のページに毎月の目標設定を記入することで、自分の目標にぶれがないかを確認する作業になるからです。
　あなたの立てた目標を、上記のように計算できるようにして、夢や目標の達成に向けて役立てましょう。

3 スポーツ人生物語

自分はこんなふうにスポーツ人生を歩みたい！

あなたのスポーツ人生がどのようなものであってほしいか、物語風にして作ることによって、自分のやっていること、やりたいことを明確にする目的があります。

スポーツを始めたきっかけである「初心」「原点」を思い出し、今までの努力を再確認することは、自信や確信につながります。つまり、過去を思い出すことによって、今現在はどのような気持ちでどのような練習をしているのかを分析・確認していくことになります。

そして今後、歩みたいスポーツ人生の道筋をイメージし、将来どのような自分でありたいかという青写真を描きます。このようなストーリーを作ることによって目標を明確にし、やる気を高めるのです。

スポーツ人生物語

　あなたは今、自分のスポーツの引退セレモニーにいます。これから司会者があなたのスポーツ人生を会場の人々に紹介します。

　あなたは、この司会者にあなたの歩んできた道をどのように伝えてほしいですか？ あなたのこれからのスポーツ人生をどのようにしていきたいかを、希望的・発展的・段階的に書いてみてください。

　スポーツを始めたきっかけから書き始めます。いつ、どこで、どのように練習し、試合の成果はどうだったのか、試合のほかにどのような経験をしたのか、といったことです。

　現在の状態から、来年、2年後、3年後、5年後、10年後、20年後……そして引退という順番に、あなたのやりたいことをイメージして書いてください。

質問 38ページにある「Aくんのスポーツ人生物語」(書き方の例)を読み、
自分のスポーツ人生物語を書いてください。

4 年間目標　5 月間目標

1 年間の目標を月ごとに立てる

今年1年間で、あなたが最高度に上達するための自分の練習計画を明確にしましょう。

目標設定や試合に対して、あなたはこの1年、どのようなトレーニングを展開し、調整をしていきますか？

シーズンオフには？

ウエイトトレーニングなどの補強運動は？　そしてメンタルトレーニングをどう取り入れていきますか？

あなたのチームのスケジュールを参考に、あなた自身のスケジュールを立てましょう。

年間スケジュールを立てるということは、毎月のスケジュールを立てるということですから、同時に月間目標も設定するということになります。

何月何日にどこでどんな大会（試合）があるかを書いて、この1年＝12カ月分の具体的なプラン（やるべきこと）を書いてください。

---

① 1年間のトレーニングスケジュール用紙に目標を書き込む

年間目標／月間スケジュール表

ワークシート ➡ 14〜16ページ

	試合名	日付	場所	チームのトレーニング	あなた個人のトレーニング
4月					
5月					
6月					
7月					
8月					
9月					
10月					
11月					
12月					
1月					
2月					
3月					

② 質問形式で年間／月間スケジュールについて確認する

81ページで書いた自分の年間／月間スケジュール表を見て、以下の質問に答えてください。

 質問1 スムーズにトレーニングスケジュールが立てられましたか？
スケジュールを見て感想を書いてください。

質問2 72ページ、76ページで立てた目標設定と年間／月間スケジュールを見て、何も修正するところはありませんか？ 何か感じることがありましたら書いてください。

質問3 あなたのスケジュールとチームのスケジュールを比べてください。チームのスケジュールで足りないこと、あなた独自の秘密のトレーニングなどが盛り込んでありますか？ それは、どんなものですか？

 質問4 チームのスケジュールに無理はありませんか？ また自分のスケジュールに無理はありませんか？
オーバーワーク（やりすぎ）はありませんか？

質問5 どうすれば自分がもっと上達し、試合に勝てるようになると思いますか？

質問6 自分のスケジュールに入れたいもの、省きたいもの、コーチにやらせてくれるよう頼みたいものがあれば、本音で書いてみてください。

 質問7 このスケジュールを1年間やることで、あなたはどれくらい上達しますか？

質問8 メンタルトレーニングは、どのようにスケジュールに入っていますか？

秘密の練習はしているか？

　ここでの質問は、あなたがどれくらいチームのスケジュールを把握して、その上で自分の練習（秘密の練習）をしているかに気づいてほしいという意図があります。

　もし、チームのスケジュールを知らないとしたら、あなたはいい加減な選手だと気づいてください。

　また、自分の秘密の練習さえもしていないとしたら、監督にやらされている選手、怒られないとできない選手、受け身の態度で練習する、うまくなりたいと思っていない選手であることに気づいてほしいのです。

　上達するためには、個人のスケジュールを立てることが必要であることに気づく質問なのです。

6 週間目標　　1 毎日の目標

毎日の目標を週ごとに立てる

　これまで書いてきた各目標を見ながら書いていきます。

　今週、何をどうすれば、どれだけ上達できるのか、より具体的な計画（目標・スケジュール）を立てていきます。1週間の計画を立てることは、毎日の計画を立てること。週間目標と毎日の目標設定は同時に行うことになります。

① 週間／毎日の①スケジュールを表に書き込む

週間／毎日のスケジュール用紙
ワークシート➡17〜21ページ

　あなたの夢を達成するために必要な**今週のスケジュール**を書いてください。

　最初に、あなたのチームの練習時間を書き、その後に自分のトレーニング時間を書いてみましょう。そこで、自分がどのような毎日を過ごしているのかを自己分析してみましょう。

	月	火	水	木	金	土	日
5:00							
6:00							
7:00							
8:00							
9:00							
10:00							
11:00							
12:00							
13:00							
14:00							
15:00							
16:00							
17:00							
18:00							
19:00							
20:00							
21:00							
22:00							
23:00							
24:00							
1:00							
2:00							
3:00							
4:00							

② 質問形式で週間・毎日のスケジュールについて確認する

週間／毎日のスケジュールに関する質問

質問1 今週のスケジュールを書いたあとの感想を書いてみてください。

質問2 あなたは、自分が最高度にうまくなるために24時間をうまく活用していますか？ 何が足りないと思いますか？

質問3 世界のトップ選手もあなたも同じように、1日24時間を持っています。この24時間の使い方で、一流選手になるか三流で終わるかが変わると思います。
あなたがどんな24時間の使い方をすれば、一流選手になれると思いますか？

質問4 あなたの書いた今週・今日のスケジュールを見て、やるべきことの優先順位をつけてみましょう。

1位は？

2位は？

3位は？

4位は？

質問5 今日の練習、今の練習を大切にすることが、明日・今週・来週・今月・来月・今年・来年とつながり、あなた自身を向上・上達させるポイントだと思います。

今何をすべきですか？
今日寝るまでに、何をすべきですか？
何をしたら、少しでも向上できますか？

質問6 あなたは、毎日の練習日誌をつけていますか？

Yes: その理由は？

No: その理由は？

質問7 スポーツ選手に練習日誌は、絶対必要だとよく言われますが、その理由は何だと思いますか？

 質問9 本書では練習日誌は、イメージトレーニングだと紹介しています。あなたは、今まで練習日誌を書きながら、どのようなイメージトレーニングをしていましたか？

 質問8 あなたは、うまくなりたいですか？

Yes:

No: うまくなりたくないなら、なぜスポーツを、また練習をするのですか？

 質問10 反省をするとき、あなたは過去（今日の練習）を思い出しますね。これは過去のプレーや練習を思い出すというイメージをしています。それでは、この過去のイメージをどのように未来へつなげますか？

第3章 メンタルトレーニングの方法

24時間の優先順位を見つける

　一流選手ほど1日24時間の使い方がうまいと言われます。うまい選手と下手な選手は1日の時間の使い方（タイムマネジメント）が違うはずです。うまくなったり、試合で勝つための原点は、毎日の練習だと気づいてほしいのです。

　あなたのやるべきこと、うまくなるための優先順位が決まっていれば、どんな練習や生活をするのか迷わないはずです。

　今日の練習はこうだった、ここをこう直せばもっとうまくなる、明日はこんな練習をすれば絶対にうまくなる、という自信をつけることもできるのです。

　この毎日の練習や24時間の使い方を確認（チェック）し、評価して、明日はもっとうまくなるための方法を見つけるのが練習日誌の役割です。

　練習日誌の書き方を次のページで紹介しています。

　ぜひ参考にしてください。

8 練習日誌

イメージトレーニングの重要スキル

練習日誌は、楽しく書くことが重要です。毎日の目標や練習スケジュールの確認、やるべきことの認識、そのための自己分析やイメージトレーニングをするのが練習日誌です。キーワードは「過去・現在・未来」です。

- ●過去＝過去（今日の練習、これまでにしたこと）を思い出すイメージトレーニング。
- ●現在＝過去でミスした欠点を修正する現在のイメージトレーニング。
- ●未来＝修正したイメージを繰り返し、自信をつけて未来の試合で成功・勝利するイメージトレーニング。

このように書いていくと、練習日誌は自分のデータベースとなっていきます。試合前などに見直して、自分のよかったとき、悪かったときを確認し、ベストパフォーマンスが発揮できるように活用しましょう。

また、5段階で評価した項目ごとに、折れ線グラフを作りましょう。グラフの作り方はワークシートにあります。

練習日誌（例）
ワークシート➡22～24ページ

　　　　　年　　月　　日（　曜日）　メンタルトレーニングを初めて　　日目

今日の目標

	評価	コメント
今日の目標は達成できたか？		
心理的(メンタル面)はどうだったか？		
技術的な面はどうだったか？		
身体的な面はどうだったか？		
コーチの指導に対しては？		
チームの状態は？		
練習の時間的にはどうだったか？		
知的興味は？		
食事は？		
練習以外の生活は？		
その他		
明日の目標は？		

今日の練習や自分の進歩,向上したと思う点

目標設定まとめ

上達するコツはつかみましたか？

目標設定のまとめとして最後に質問です。

以下の質問に答えることは、あなたがここまでやってきた目標設定の総仕上げとなります。

目標設定まとめの質問

 質問1 ここまで結果目標、プロセス目標、スポーツ人生物語、年間計画、月間計画、週間計画、毎日の計画、練習日誌を書いてもらいました。
ここまでやってきた感想を書いてください。

 質問2 下の枠内を見て、何を感じますか？

今日	＋	今日	＋	今日	……	＝1週間
1週間	＋	1週間	＋	1週間	……	＝今月
今月	＋	今月	＋	今月	……	＝今年
今年	＋	今年	＋	今年	……	＝何年後

 質問3 ここまであなたがうまくなる、上達するための「コツ」を紹介してきました。これで少しでも向上できると思いますか？

Yes:その理由は？

No :その理由は？

 質問4 人間は、自分が興味を持ったり、好きになったり、やりたい、うまくなりたい、楽しい、うれしいと感じたとき、最も上達するという理論があります。つまりやる気が高まったと感じたときに上達するのです。

あなたが心からやる気になったなら、すばらしい選手になれるはずです。今の気持ちは？

自分でやる気を高めることこそ上達のコツ

目標設定のまとめの質問は、自分でやる気を高めること、内発的なモチベーションを持つことがうまくなるコツであることに気づいてほしいという狙いがあります。

目標設定は、単に目標を設定したのではなく、実は一流選手になるためのコツを紹介してきたのです。これを深く理解してほしいと思います。

プログラム4 セルフコントロール

目標設定を終えたら、主に身体を使うトレーニングに入っていきます。

プログラム4では、姿勢や態度のトレーニング（Attitude Training または Body Language）を行います。

自分の心理状態と姿勢がどのような関係にあるのかを知り、練習や試合のさまざまな局面で生かそうというものです。

ステップ5 姿勢で気持ちをチェック

胸を張り、自信のある態度をとる

今のあなたの姿勢や態度は、どんな感じですか？　また気持ちや感情はいかがですか？

胸を張って、やや上を向いている姿勢ですか？　肩を下げ、下を向いている姿勢ですか？　では、実験をしてみましょう。

❶わざと肩を落として下を向き、約30秒この姿勢を試してください。どんな気持ちですか？
❷次に、下を向いた姿勢から胸を張り、上を向く姿勢に変えてみてください。

何か気持ちに変化はありませんか？
どちらの姿勢のほうが好きですか？
①の下を向く姿勢では落ち込んだような気持ちとなり、②の上を向く姿勢では気持ちが前向きとなったような気がしません

表7 ヘッズアップの方法と目的

方法	胸を張り、顔を上に向けるような姿勢にする。毎日の生活で繰り返し行い、習慣化する
目的	姿勢を変えることで、目、表情、行動などの態度も変え、気持ちや感情などの心理面をポジティブ（プラス思考）にする

か。

この実験（体験）から、人間の気持ち（心理状態）は、姿勢や態度によりかなり変わることが理解できたと思います。

このような胸を張り、顔を上に向けるような姿勢をヘッズアップ（head-up）といいます。メンタルトレーニングでは、この姿勢を24時間の生活のなかでトレーニングしていきます。

ただ身体の姿勢を変えるだけでなく、目、表情、行動などの態度も変え、気持ちや感情などの心理面もポジティブ（プラス思考）にしていくのです。

まずは、自分の姿勢や気持ちをチェック

することから始め、学校の休憩時間や自宅などで鏡を見て、自分を観察・分析してみましょう。

どのようにしたら自分がプラス思考になれるのかを意識して「トレーニング」し、姿勢や気持ちをポジティブにしていきましょう。これが習慣化（自動化）されれば、あなたは常によい心理状態を保てるようになると考えられます。

スポーツにおいて、プラス思考は非常に重要な要因です。

姿勢や態度のトレーニングは、上達したり、試合で勝つという競技力向上を目的に行うのです。

ステップ6 心拍数や脈拍の確認

自分の鼓動に耳を澄まそう

みなさんは、自分の心拍数（1分間に心臓の動く回数）や脈拍を数えたことはありますか？

世界で活躍する選手たちは、いろいろな場面で自分の心拍数をチェックし、身体だけでなくメンタル面も確認しながらトレーニングしています。器機を利用して測ることもできますが、自分の手首などで脈拍を測ることは誰にでもできます。

私はフォーミュラカーのレーシングドライバーのメンタルトレーニング指導や心理的サポートをしています。

彼らは、レース前とレース中に心拍計をつけて計測するのですが、スタート時にレースカーの中に座り、まったく身体を動かしていない状態で、心拍数が200前後まで上がります。

心拍数200といえば、スポーツをしている状態でいうと「呼吸がハーハー言うほどの苦しい追い込んだ状態」です。このことからレースでは、極度の緊張やプレッシャーで心拍数が増加することがわかります。

また、レース中は180前後の心拍数で30分～1時間の活動をしています。極度の緊張状態で的確な判断や予測、そして決断をしなければいけないということになります。

心拍数は、みなさんがしているスポーツで身体を動かすことによって上がるのはもちろん、試合中の場面ごとによる緊張やプレッシャーなどでも上がるのです。

そこで、私たちは試合前の心拍数をチェックすることで、試合に対する心理的・身体的準備状態を把握します。

もし可能ならば、試合中（練習中）も測り、プレーや出来事との関係を分析してみるとおもしろいことがわかるようになります。

このように選手が何をどうしたら最高のプレーができるようになるかのチェックやその方法を見つけ出し、確認するためにも心拍数をチェックするのです。

さまざまな状況での心拍数をチェック

それでは、自分の心臓がどのように動いているのかを調べていきましょう。

どのような状況のときに、心拍数（脈拍）はどれくらいで、どんな気持ち（心理状態）なのかをチェックします。

下表内の状況でのあなたの心拍数（脈拍）に○をつけてください。また、実験として下記の状況で、30秒間の脈拍を測り、それを2倍して、1分間の脈拍（心拍数）を書いてみてください。

心拍数チェック表
ワークシート➡25ページ

状況	あなたの心拍数(脈拍)は？	そのときの気持ち(心理面)は？
安静時（静かにしているとき）	速い　普通　遅い　乱れている（心拍数は　　回/分）	
リラックスしているとき	速い　普通　遅い　乱れている（心拍数は　　回/分）	
興奮しているとき	速い　普通　遅い　乱れている（心拍数は　　回/分）	
スピードが必要なとき	速い　普通　遅い　乱れている（心拍数は　　回/分）	
力を出すとき	速い　普通　遅い　乱れている（心拍数は　　回/分）	
集中しているとき	速い　普通　遅い　乱れている（心拍数は　　回/分）	
平常心のとき	速い　普通　遅い　乱れている（心拍数は　　回/分）	
気持ちが乗っているとき	速い　普通　遅い　乱れている（心拍数は　　回/分）	
落ち込んでいるとき	速い　普通　遅い　乱れている（心拍数は　　回/分）	
気持ちを切り替えるとき	速い　普通　遅い　乱れている（心拍数は　　回/分）	
（　　のとき）	速い　普通　遅い　乱れている（心拍数は　　回/分）	
（　　のとき）	速い　普通　遅い　乱れている（心拍数は　　回/分）	
（　　のとき）	速い　普通　遅い　乱れている（心拍数は　　回/分）	

質問 心拍数を調べたことにより、あなたは何に気づきましたか？

ステップ 1 呼吸法の確認とコントロール

呼吸で気持ちを切り替える

みなさんは、呼吸法といえばどんなイメージを持ちますか？

スポーツでは、この呼吸の仕方が非常に重要な役割を持っています。同時に、メンタル面をコントロールするためにも重要なテクニックになります。

まずは下表内にある項目ごとに呼吸をチェックして○をつけてください。状況ごとによって呼吸が変化する特徴をつかみましょう。

呼吸チェック表

ワークシート➡26ページ

状況	あなたの呼吸の状態は？	そのときの気持ち(心理面)は？
安静時（静かにしているとき）	速い 普通 遅い／強い 普通 弱い／長い 普通 短い	乱れている／シャープ(鋭い)／入り混じっている
リラックスしているとき	速い 普通 遅い／強い 普通 弱い／長い 普通 短い	乱れている／シャープ(鋭い)／入り混じっている
興奮しているとき	速い 普通 遅い／強い 普通 弱い／長い 普通 短い	乱れている／シャープ(鋭い)／入り混じっている
スピードが必要なとき	速い 普通 遅い／強い 普通 弱い／長い 普通 短い	乱れている／シャープ(鋭い)／入り混じっている
力を出すとき	速い 普通 遅い／強い 普通 弱い／長い 普通 短い	乱れている／シャープ(鋭い)／入り混じっている
集中しているとき	速い 普通 遅い／強い 普通 弱い／長い 普通 短い	乱れている／シャープ(鋭い)／入り混じっている
平常心のとき	速い 普通 遅い／強い 普通 弱い／長い 普通 短い	乱れている／シャープ(鋭い)／入り混じっている
気持ちが乗っているとき	速い 普通 遅い／強い 普通 弱い／長い 普通 短い	乱れている／シャープ(鋭い)／入り混じっている
落ち込んでいるとき	速い 普通 遅い／強い 普通 弱い／長い 普通 短い	乱れている／シャープ(鋭い)／入り混じっている
気持ちを切り替えるとき	速い 普通 遅い／強い 普通 弱い／長い 普通 短い	乱れている／シャープ(鋭い)／入り混じっている
(　　　のとき)	速い 普通 遅い／強い 普通 弱い／長い 普通 短い	乱れている／シャープ(鋭い)／入り混じっている

 質問1　呼吸をチェックしてみて何に気づきましたか？

 質問1　この呼吸法を利用して何をどうすればいいと思いますか？

特定の動きで呼吸を確認

91ページの表を埋められましたか？

今度は呼吸の変化をわかりやすい実験を通して確認してみましょう。身体の動きと呼吸の関係を理解してほしいと思います。

［異なるスピードで確認］

自分がしているスポーツの動きを３段階のスピードで行い、呼吸を確認します。

❶スローモーションでプレーをしてください。そのときの呼吸はどうですか？
呼吸もゆっくりになっていませんか？

❷50％くらいのスピードでプレーをしてください。そのときの呼吸はどうですか？
呼吸は少し速くなっていませんか？
❸100％（全力）でプレーをしてください。
呼吸はどうですか？
呼吸はかなり速くなっていませんか？

［ボクシングの姿勢で確認］

ボクシングのパンチをする姿勢をとり、パンチを打ってみてください。

1）スピードの違い
❶スローモーションでやってください。何か力の入らない息の吐き方をしていませんか？
❷できるだけ早くパンチを打ってみてください。口で「シュッ」というような声（息の吐き方）をしていませんか？
❸今度は大きな声で、「エアーー！」と言いながらパンチを打ってみてください。
パワーがあるパンチが打てたのではありませんか？

このように身体の動きと呼吸には、密接な関係があります。さらに、次のような方法でやってみましょう。

2）呼吸法の違い
❶パンチを出すときに「鼻から息を吸いながら」やってみてください。何か違和感を感じませんか？　やりにくくありませんか？
❷パンチを出すときに「息を止めて」やってみてください。いかがですか？
❸パンチを出すときに「息を鋭く（シャープに）シュッと速く吐いて」みてください。どの呼吸をしたときが一番スムーズにパンチが打てましたか？

いかがでしたか？　何か違いに気づきましたか？
みなさんがスポーツでプレーをするとき、呼吸が乱れていたり、おかしいときにミスをしたり、不自然な動きをしたりしていませんか？
この点に気づいてほしいのです。もう一度、91ページのチェック表で○をつけた呼吸の確認とコントロールのチェック用紙を見て分析をしてみてください　可能であれば、実際にプレーをしながら試してほしいと思います。

ステップ 8 音楽の利用

音楽を効果的に使おう

本書で紹介するメンタルトレーニングでは、音楽を利用してメンタル面の強化や実力発揮の準備をしていきます。

あなたは、どんなときに、どんな音楽を聴いていますか?

また、その音楽を聴くと、あなたの気分はどうなりますか?

人間の歴史をひも解いてみると、古くからどの時代でも音楽が使われていました。このことから、音楽は人間にとって切り離せないものだということがわかります。

音楽は、基本的に練習前から練習後まで状況に応じて使っていきます。

また、条件づけのため、一度決めたら簡単に曲を変えてはいけません。ですから、音楽を選ぶときには慎重な態度が求められます。

❶練習前

ロッカールーム、使用する体育館やグラウンドに、部員が全員集合する前から音楽を流しておきます。練習に向けて心の準備となるような曲を選びましょう。

❷心理的ウォーミングアップ

リラクセーションやサイキングアップをするときに音楽を流します。

リラクセーションでは、静かな呼吸を保てる、ゆっくりとした気持ちの落ち着く音楽を流します。サイキングアップでは、軽快で気持ちが乗るリズムの速い音楽を流します。

❸身体的ウォーミングアップ

動きに合った軽快な音楽をかけ、身体を温めると同時に心も乗せていきます。

❹練習中

練習中でも、できれば音楽を使っていきたいものです。このとき重要なのは、練習の動きやテーマに合わせた音楽を選択することです。つまり、音楽と動きが合わなければ、音楽がスムーズな動きの邪魔をするからです。

❺休憩中

選手の気持ちがリフレッシュする音楽を流します。休憩の前半は緊張を抜き、身体や気持ちを休ませる音楽を使いましょう。休憩後半には再度集中力を高める音楽で気持ちを乗せて、練習を始めるのが理想的です。

❻練習後

クーリングダウンでは、気持ちの安らぐ音楽を流し、心身ともに疲れを取ります。心理的クーリングダウンでは、メディテーション(瞑想)・マインドフルネストレーニングをするための静かな音楽を使いましょう。

❼練習後

ロッカールームでも、そして家路につく電車の中などでも、音楽が活躍します。音楽を聴きながら気分よく家路に着きましょ

う。このとき、明日も頑張ろうという気持ちになれる音楽を使いましょう。

音楽の使い方をプログラム化したら、試合の日も同じような流れで利用してみましょう。

42、43ページの音楽の利用をもう一度読んでみましょう

［楽曲の選び方］

音楽は日本語の曲は避けます。歌詞の内容によっては、プレーとちぐはぐになりますし、恋愛を唄った曲などは、スポーツにそぐわないからです。

映画「ロッキー」のテーマなど日本語以外のもの、スポーツのリズムに合うものを選びましょう。

また、一度選んだら、条件づけのために簡単には変えません。

このため、音楽の選択はとても慎重に行う必要があります。できれば、専門家の指導を仰ぐことをおすすめします。

表10 音楽の使い方と狙い

場所・シチュエーション	使う音楽のタイプ	音楽利用の狙いと留意点
練習前のロッカールーム、体育館、グラウンド	練習に入るために気持ちを切り替えられるような音楽	音楽を流しておくことで、練習前の心理的準備をする
心理的ウォーミングアップ（リラクセーションやサイキングアップ）を行うとき	リラクセーション 気持ちの落ち着く音楽	静かな呼吸を保つ
	サイキングアップ 軽快で気持ちが乗る音楽	リラクセーションから一転して気持ちを切り替える
身体的ウォーミングアップのとき	動きに合う軽快な音楽	身体を温めると同時に気持ちを乗せていく
練習中	練習内容やプレーに合わせた音楽	可能であれば練習中にも音楽を使う。曲の選択は慎重に。音楽と動きが合わなければ、音楽がスムーズな動きの邪魔をしてしまう
休憩中	選手の気持ちがリフレッシュする音楽 （休憩前半と後半で音楽を変える）	休憩前半は緊張を抜き、身体や気持ちを休ませる。後半には再度集中力を高めて、気持ちを乗せて、練習再開へ
練習終了後／身体的クーリングダウンのとき	気持ちの安らぐ音楽	クーリングダウンで、心身ともに疲れを取る
心理的クーリングダウンのとき	静かな音楽	メディテーション（瞑想）のため
練習終了後（帰路）	明日への希望ややる気を持てるような音楽	すべての練習が終わり、気持ちよく家路に着く

状況とリズムによる心理面の変化

それぞれの状況で音楽を選び、そのときの心拍数を数えましょう。それぞれ当てはまると思うものに〇をつけ、そのときの気持ち（心理面）を書いてください。表内の最後の3段は状況を自由に埋めて使ってみましょう。

音楽のリズムチェック表

ワークシート➡27ページ

状況	音楽のリズムは？		心拍数（脈拍）は？	そのときの気持ち（心理面）は？
安静時 （静かにしているとき）	速い	普通	遅い （心拍数は　　回/分）	
リラックスしているとき	速い	普通	遅い （心拍数は　　回/分）	
興奮しているとき	速い	普通	遅い （心拍数は　　回/分）	
スピードが必要なとき	速い	普通	遅い （心拍数は　　回/分）	
力を出すとき	速い	普通	遅い （心拍数は　　回/分）	
集中しているとき	速い	普通	遅い （心拍数は　　回/分）	
平常心のとき	速い	普通	遅い （心拍数は　　回/分）	
気持ちが乗っているとき	速い	普通	遅い （心拍数は　　回/分）	
落ち込んでいるとき	速い	普通	遅い （心拍数は　　回/分）	
気持ちを切り替えるとき	速い	普通	遅い （心拍数は　　回/分）	
（　　　のとき）	速い	普通	遅い （心拍数は　　回/分）	
（　　　のとき）	速い	普通	遅い （心拍数は　　回/分）	
（　　　のとき）	速い	普通	遅い （心拍数は　　回/分）	

質問 音楽のリズムと心拍数を確認したことで、何に気づきましたか？

状況に応じて合う音楽を選ぼう

上表のように状況に応じた音楽と心拍数を細かく確認していくと、それぞれの変化がよくわかるかと思います。

それぞれのシチュエーションであなた（チーム）のスポーツに合う音楽を選び、音楽を効果的に使っていきましょう。

プログラム5 心理的スキルの活用

　ここからは心理的スキルを活用して、気持ちをコントロールするプログラムに入ります。

　メンタルトレーニングで最も重要な位置を占めるリラクセーションから始まり、練習前・中・後に使う具体的なスキルを紹介していきます。

ステップ9 リラクセーション

自分のリラックス状態を知る

　あなたは本当のリラックス状態を体験したことはありますか？

　そのリラックス状態にすぐに入れますか？　何をどうしたらリラックスできるという方法(プログラム)を持っていますか？

　それでは、自分の気持ちをコントロールできるようになるためのリラックスの方法を紹介しましょう。

　私たちは、パッケージ化したリラクセーションのプログラムを作り、いつでもどこでもすぐにリラックスができるようにするトレーニングをします。試合という場面で最高のプレーができるようにすることが目的です。

表12 リラクセーションのプログラム
（約20～30分間）
※❶～❽までは立って行う。❾～⓮は横になって行う

❶音楽を聴く
❷ほめ合うパートナーワーク
❸ヘッズアップ
❹セルフマッサージ
❺あくび
❻呼吸法を使う
❼緊張とリラックスを感じるストレッチ
❽漸進的筋弛緩法（ぜんしんてききんしかんほう）
〈ここで横になる〉
❾顔をマッサージする
❿深呼吸を2回
⓫2回目の漸進的筋弛緩法
⓬イメージトレーニング＆簡素化した自律訓練法
⓭音楽を聴きながらメディテーションを3分
〈ここで身体を起こす（座る）〉
⓮消去動作（目を覚ます）
⓯イメージトレーニング

自分がリラックスするのはどんなとき？

リラクセーションのプログラム

❶音楽を聴く（30秒間）

　リラクセーション音楽などの落ち着いた静かな音楽をかけます。

　リラクセーション用のＣＤが最近では多く作られています。自分に合うもの、チームに合うものを見つけましょう。

　音楽療法や心理学的見地から作られたものやクラシック音楽などがおすすめです。

落ち着いた音楽でリラクセーションを行う

❷ほめ合うパートナーワーク

　チームメートとお互いにプラス思考にするコミュニケーションを取り合います。ここでは、互いにほめ合うという方法を使います。「今日のおまえの髪型いいぞ」「昨日のプレーは最高だったな」「きみは足が速くてかっこいいね」など、どんなことでもいいので互いにほめ合います。

　また、ほめてくれたことに「ありがとう」と言い、プラス思考にしましょう。相手をほめたり、感謝の言葉を使うことでプラス思考にするという目的があります。

チームメートとほめ合い、コミュニケーションをとる

❸ヘッズアップ

　胸を張り、上を向く姿勢のトレーニングでプラス思考にするテクニックです。88ページをもう一度見て、やってみましょう。

　このときスマイルを忘れずに。楽しいことや、好きな人のことを思い出してもいいでしょう。どうしても笑えなかったら、近くの人と顔を見合わせ「おもしろい顔だなあ」などと冗談を言って、笑い合いましょう。

胸を張り、上を向いて自信満々の姿勢をとる

第3章 メンタルトレーニングの方法

リラクセーションのプログラム

❹セルフマッサージ

身体全体を刺激し緊張をほぐします。

深呼吸に合わせて、自分の身体のさまざまな部位を触ってマッサージしていきます。

顔から始めます。皮膚に心地よい刺激を与えるようにゆっくりと行いましょう。このとき難しい顔ではなく、スマイルを浮かべて行いましょう。

❺あくびをする

大きく声を出してあくびをします。「ふわわわ～！」とできるだけ大きな声（強い呼吸）で、しっかり背伸びをしましょ

思いきりあくびをしよう

セルフマッサージの順番

目の周り➡鼻➡口➡ほお➡耳➡頭➡首
➡あご➡両肩➡両腕➡手➡手のひら➡指
➡指の間➡胸➡お腹➡脇腹➡背中➡お尻
➡太もも➡ヒザ➡すね➡ふくらはぎ

目の周りから自分で身体の各部位をマッサージする

表13 呼吸法の手順

❶を第1段階から第4段階まで行ったら第1段階へ戻り、

第 **1** 段階

スマイルをして息を大きく吐いたあと鼻から息をゆっくり吸いながら

う。朝、起きたときのようにのびのびやりましょう。

❻呼吸法を使う

下の表13の手順で行っていきます。最初に、口で「ふー」と大きく息を吐いて、その後、すべて鼻からゆっくり息を吸いながら始め、両腕および肩を動かし、口をすぼめて「ふーっ」と音が出るように強くゆっくりと息を吐きながら戻す、という動作を繰り返します。各回数を行ったあとで、次の段階へ進みます。

すべてを行ったあとで、心拍数・脈拍を測っておきましょう。1分間にどれくらいですか？ 確認しておくと、自分のリラックスしたときの状態を数値で把握できます。

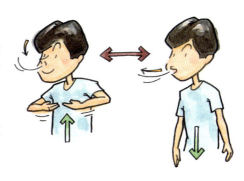

両手を呼吸に合わせて上下させながらゆっくり呼吸する

❷へと進みます。以降、同様に行います。

第2段階 (息を吸い始めてから) 約5秒	第3段階 約5秒	第4段階 (次の番号へ) 約5秒
❶両手を胸へ持っていく（5秒）	口をすぼめてフ〜と息を吐き両手を下へ(8秒)	3回行ったら❷へ
❷両手を横方向へ出す（5秒）	口をすぼめてフ〜と両手を閉じる(8秒)	3回→❸へ
❸両手を前方向に胸まで上げる(5秒)	口をすぼめてフ〜と息を吐き両手を下へ(8秒)	2回→❹へ
❹両手を前方向に胸まで上げる(5秒)	手の動きを止め,息も止める(5秒) 口をすぼめてフ〜と息を吐き両手を下へ(8秒)	2回→❺へ
❺両肩を上げ(5秒),肩を上げたまま息を止める(5秒)	口をすぼめてフ〜と息を吐き両手を下へ(8秒)	1回(終わり)

リラクセーションのプログラム

❼緊張とリラックスを感じるストレッチ

まず、息を吐いてから行います。

約5秒かけて鼻から息を吸いながら、筋肉に少しずつ力を入れていき、約5秒経ったら息を止め、肩に力を入れて筋肉の緊張を感じます。この姿勢のまま約8秒かけて口から息を吐きながら力を抜いていき、リラックス感を感じます。息を吐ききった状態で約5秒ほど緊張とリラックスとの違いを感じます。

表14 ストレッチの方法と順序

❶を第1段階から第5段階まで行ったら第1段階へ戻り、❷へと進みます。❸は第3段階で終わりです。

第1段階	第2段階　約5秒（息を吸い始めてから）
	❶両手の指を組み、裏返すようにしながら頭の上に上げる ❷両手を真横にして小指が上になるようにひねる ❸❷の姿勢から両腕を逆方向にひねる（手のひらが上に向くように） ❹両腕をひねったまま前方向に向ける（手のひらは外側を向くように） ❺❹の姿勢から両腕を逆方向にひねる（手のひらが上に向くように） ❻両腕をひねったまま、後ろ斜め下方向へ持っていく（手のひらは上を向くように） ❼❻の姿勢から、両腕を逆方向にひねる（手のひらは上を向くように） ❽両腕を自然に下ろし、両肩を上に上げる ❾肩、腕のストレッチングを行う

第**3**章 メンタルトレーニングの
方法

第3段階　約5秒 ➡ **第4段階　約8秒** ➡ **第5段階** （次の番号へ）　約5秒

❶両腕の筋肉に力を入れていき、息を止めて両腕と肩の筋肉に力を入れる

❷〜❼親指に力を入れてひねり、息を止めてさらにひねるようにして肩の筋肉に力を入れる

❽両肩を上げ、息を止めて肩の筋肉に力を入れる

❾通常のストレッチングでは息を止めないが、ここでは、意図的に吸って、止めて、吐きながら行う

息を吐きながら力を抜き、リラックス感を感じる

息を吐ききった状態で、緊張とリラックスの違いを感じる

101

リラクセーションのプログラム

❽漸進的筋弛緩法

漸進的筋弛緩法とは、身体の部位を順番に緊張させてリラックスさせ、身体と心を同時にリラックスさせていく心理学のテクニックです。

基本的に、鼻から息を吸いながら右手を握りしめて息を止め、息を吐きながらリラックスし、左手・両手・右足のつま先・かかと左足のつま先・かかと両足・身体全身というように順番に筋肉を緊張させてリラックスをしていくという方法です。

息を止める動作を入れることで、リラッ

表14 漸進的筋弛緩法／立った姿勢で行う

❶を第5段階まで行ったら、第1段階へ戻り、❷へ進む。第2段階❸は第3段階を飛ばして第4段階へ進む。

第1段階	第2段階（息を吸い始めてから）約5秒

息を吸いながら

ここから顔

❶右手を握りしめ	❾目を見開き、額にシワを作るように目線だけを上に向け
❷左手を握りしめ	❿目を力いっぱい閉じて
❸両手を握りしめ	⓫目を閉じたまま口をとがらせ、キスをするように唇に力を入れて
❹右足のつま先を伸ばして力を入れ	⓬目を閉じたまま、唇を左右に引っ張るようにあごに力を入れて
❺右足の足首を曲げてかかとを押して力を入れ	
❻左足のつま先を伸ばして力を入れ	⓭両足のつま先を内側に向け、両手を握りしめ、両脚、お尻、顔と全身に力を入れて息を止める。顔は真っ赤になるくらいに
❼左足の足首を曲げてかかとを押して力を入れ	
❽両足のつま先を内側に向け、両足に力を入れ	

最後の仕上げに身体全身

102

クスと同時に集中力を高めることを意識して行います。

❿では、リラックスするときスマイルを忘れないようにしましょう。

各部位を順番に力を入れ、抜いてリラーックス。これにより緊張とリラックスの違いを知る

第3段階　5秒 力を入れて息を止める

息を止めて

❶右腕全体と肩にぐーっと力を入れて緊張させる（2回）	❼さらに左足に力を入れて緊張させる
❷左腕全体と肩にぐーっと力を入れて緊張させる（2回）	❽同時にお尻も締めて下半身を緊張させる
❸両腕全体と両肩にぐーっと力を入れて上半身を緊張させる	❾額のあたりに緊張を感じる
❹さらに右足に力を入れて緊張させる	❿たくさんシワが寄るように力を入れて目の周りに緊張を感じる
❺さらに右足に力を入れて緊張させる	⓫口の周りの緊張を感じる
❻さらに左足に力を入れて緊張させる	⓬しばらく息を止めてほおからあごにかけての緊張を感じる

第4段階　約8秒 （次の番号へ）

息を吐きながら力を抜いてリラックスする
（力を入れた部分のリラックスを特に感じるようにする）

第3章 メンタルトレーニングの方法

リラクセーションのプログラム

ここからは仰向けに寝て横になって行います

❾手のひらで顔をマッサージ

顔を覆うようにして両手を当て、上下左右にさするようにしてマッサージする。終わったら、両手を身体の横に置く。

❿深呼吸

深呼吸を2回行う。鼻から吸って口から大きく吐きましょう。このとき、顔はひきつっていませんか？ スマイルをしていますか？ 眉間にしわを寄せていては効果が薄れます。いつもスマイルを心がけましょう。

表16 2回目の漸進的筋弛緩法

❶を第4段階まで行ったら、第1段階に戻り、❷へ進む。以降、同様に行う。

第1段階 第2段階 約5秒（息を吸い始めてから）

 息を吸いながら

❶右手を握りしめ、息を止めて右腕全体と肩にぐーっと力を入れて緊張させ

❷左手を握りしめ、息を止めて左腕全体と肩にぐーっと力を入れて緊張させ

❸両手を握りしめ、息を止めて両腕全体と両肩にぐーっと力を入れて上半身を緊張させ

❹右足のつま先を伸ばしていき、力を入れたまま、しばらく息を止め

❺右足のかかとを押していき、力を入れたまましばらく息を止め

❻左足のつま先を伸ばしていき、力を入れたまましばらく息を止め

❼左足のかかとを押していき、力を入れたまましばらく息を止め

❽両足のつま先を伸ばしていき、力を入れたまましばらく息を止め

❾両足のかかとを押し出すように足首を曲げ、お尻を締め、下半身にぐーっと力を入れて息を止め

❿両手を握りしめ、両足のかかとを押し出し、お尻を締め、顔が真っ赤になるぐらい全身に力を入れて息を止め

⓫ 2回目の漸進的筋弛緩法

　2回目の漸進的筋弛緩法は横になったまま行います。下表 16 の手順です。

　息を吸うときは、鼻から大きく吸い息を止めて、吐くときはお腹から「ふーっ」と音が出るようにして思いきり吐きます。腹式呼吸です。

→ 第**3**段階　約8秒 → 第**4**段階

力を入れたまま息を止めて5秒

息を吐きながらリラックス

❶ 指先から力が抜けていくのを感じる(2回)

❷ 指先から力が抜けていくのを感じる(2回)

❸ 上半身の力が抜け、リラックスした状態を感じる(2回)

❹〜❾ それぞれ力を入れた部分から力が抜け、リラックスした状態を感じる

❺ 全身の力が抜け、リラックスした状態を感じる(2回)

リラクセーションのプログラム

⑫イメージトレーニング&簡素化した自律訓練法

　手に使い捨てカイロを持っているところをイメージします。カイロをもんで温かくなるところを想像しながら（イメージトレーニング）、「手があったか〜い」という言葉を口の中で10回ほどつぶやきます（自律訓練法）。

　次に、そよ風の吹き抜ける気持ちのよい大草原にいることをイメージをしながら（イメージトレーニング）、「額が涼し〜い」という言葉を口の中で10回ほどつぶやきます（自律訓練法）。

⑬音楽を聴きながらメディテーション

　約3分間、目を閉じてスマイルを浮かべ、静かに瞑想（マインドフルネストレーニング）します。

⑭消去動作

①目を閉じたまま、大きく深呼吸（2回）。両手で顔をマッサージし、ゆっくり目を開けて両手を頭の上に伸ばし、全身を伸ばしながらあくびをします。
②両ヒザを立て腰をぐーっと浮かせます。両ヒザを右に倒して深呼吸したあと、左に倒して深呼吸します。
　身体を起こして座ります。
③肩や首をゆっくり回します。息を吸いながら両肩を上げ、「ふーっ」と息を吐きながら、ゆっくり肩を下ろします（2回）。もう一度、顔をマッサージすると気持ちが晴れ晴れとしてきます。ここでスマイル！
　心拍数・脈拍を測りましょう。どれくらいですか？

⑮イメージトレーニング

　イメージトレーニングを最後に行います。リラックスしたあとに行うと高い効果があるという理論のためです。

● 約10秒間でベストプレーをイメージ。
● 約20秒間でスローモーションでベストイメージを身体を動かして行う。
● 50％のスピードで身体を動かしてベストイメージをする。
● 100％のスピードでベストイメージを再現する。

「額が涼し〜い」と言いながらそよ風に吹かれている様子をイメージする

ステップ10 サイキングアップ

心もウォーミングアップしよう

サイキングアップとは、気持ちを盛り上げるという意味です。「心理的なウォーミングアップ」と理解してください。

練習や試合の前には、ウォーミングアップを必ず行いますね。ところが、このとき、身体的ウォーミングアップしかしていない人がほとんどだと思います。そこに、心理的ウォーミングアップを加えましょう。心身ともによい状態で練習を行えば、質の高い練習ができて、いい練習になり、それが上達へとつながるはずです。

また、試合前に心理面も身体面もよい準備をすれば、試合で実力が発揮でき、勝つ可能性も高まります。

この「サイキングアップ」も、ほかの心理的スキルと同様にプログラム化しています。実際は、ステップ9のリラクセーションとこのサイキングアップをセットにすることで、より効果をあげる心理面のウォーミングアップとなります。

下の表17が「サイキングアップ」の流れです。ステップ9のリラクセーションが終わり、気持ちを落ち着け、集中力が高まったところで始めます。

表17 サイキングアップの方法

❶ 軽快な音楽をかけ、それに合わせて手をたたく。呼吸を音楽に合わせ、軽いエアロビクス運動のように、身体を動かす
↓
❷ パートナーを見つけ、楽しいゲーム感覚で、パンチを当てないようにボクシングをする
↓
❸ 肩のタッチゲーム①
目的：楽しい気持ちを作る
↓
❹ 肩＆ヒザのタッチゲーム②
目的：集中力を高める
↓
❺ プッシュゲーム
目的：集中力を高める
↓
❻ じゃんけん＆あっち向いてホイ
目的：楽しい気持ちを作る
↓
❼ じゃんけんゲーム
目的：集中力と楽しい気持ちを作る
方法：握手をしてじゃんけんをする
→勝った人が相手の手の甲をたたく。
負けた人は手の甲をもう片方の手でカバー（守る）
↓
❽ チームルーティーン
目的：チームワークを高める
方法：チーム全員で輪になって、気持ちを乗せる。
例）全員で「ホイホイホイホイ」と声を出し、手をたたいてジャンプ！　→これを繰り返しながら、どんどん気持ちを高め、最後はハイタッチ。大きな声で気持ちを高める

ステップ11 理想的な心理状態

心技体のバランスが最高の状態

「理想的な心理状態」とは、選手が最高のパフォーマンスを出せる心理状態のことです。「ゾーンに入った」「フロー状態になった」といわれたりします。日本では古くから大事な局面で自分でも驚くほどの力を発揮することを「火事場の馬鹿力」といいますが、これもあてはまります。

スポーツ心理学では、緊張とリラックスが適度にある状態とされ、この状態になれば、心技体のバランスがとれて最高のパフォーマンスができるといわれています。

専門的にいうとこのような感じです。

プレーに対する集中力があり、プラス思考で、成功イメージがあり、声・言葉・会話もポジティブで、試合に対する心身の準備ができていて、自分の気持ちをコントロールできている最高の心理状態

つまり、いつでもどこでも理想的心理状態になることができれば、いつでもどこでも自分の最高のパフォーマンスが出せる可能性が高まるということです。これはメンタルトレーニングの1つの目標でもあります。

試合でこの状態になれば実力を発揮して勝つ可能性を高めることができ、練習でできれば上達が促進されるからです。

この理想的な心理状態のことを、多くの

理想的な心理状態を作る10の要因

❶試合前のプラン
❷自信と心理状態
❸身体的準備と心理的準備
❹興奮のレベル
❺プレーへのやる気
❻自分のプレーをどう感じるか
❼環境と状況の条件
❽集中力
❾チームプレーと相互作用
❿経験

選手が非常におもしろい表現をしています。

●野球の場合

「ボールが止まって見えたために打つのが簡単で4打席4安打打てた」

●格闘技や対人競技の場合

「相手の動きがスローモーションに見えて、自分の技が決まった」

●ゴルフの場合

「パットが入るのがわかっていた」

「ホールが大きく見えた」

「芝目が読めた」

●各競技共通

「プレーしていて疲れなかった」

「無意識で、何も覚えていない」

「自然に身体が動いた」

「迷いがなかった」

オーストラリアのスーザン・ジャクソン博士は、理想的な心理状態を作る要因として、左の10要因をあげています。「理想的な心理状態」にするための「トレーニング」こそが、メンタルトレーニングである

ということです。

　そのためには、ここまでに紹介してきた心理的準備がとても重要になるということなのです。

　バランスのとれた心理的準備と身体的準備（練習・調整）は、上達だけでなく試合での実力発揮、そして試合で勝つことへの可能性を高めてくれます。

表17 選手による「理想的な心理状態や気持ち」になるとき

最高のプレーをするために必要な心理状態や考え方、気持ち	このような状態の結果として感じられる状態や気持ち
●楽しい	●疲れなかった
●リラックス	●身体が軽かった
●気楽な気持ち	●身体が自然に動いた
●強気	●朝食がおいしかった
●プラス思考	●目覚めがよかった
●開き直り	●ウォーミングアップがいい感じだった
●自信	●あせりがなかった
●ほどよい緊張	●勝てると思った
●集中	●よいプレーのイメージがあった
●結果を考えない	●周りがよく見えた
●無意識だった	●周りの動きを把握していた
●「いける」という気持ち	●周りの観客の声や雑音が聞こえなかった
●今まで感じたことのない心理状態	●周りの動きがゆっくりに感じた
	●今まで感じたことのない力を感じた
	●力を出せた
	●ミスがなかった
	●笑っていた
	●速く反応できた
	●自分を中心にプレーが進んでいく感じがした
	●自分が自分じゃない感じがした
	●相手の動きがよく見えた
	●点を取られる感じがしなかった

ステップ12 イメージトレーニング

どこでもできる、動きながらもできる

イメージトレーニングとは、頭の中で何かを思い浮かべることです。

イメージトレーニングは、スポーツ選手だけでなく一般の方にも理解してもらえるトレーニング方法だと思います。

ただ、一般の方は目を閉じてイメージすることがイメージトレーニングだと考えていることが多いようです。しかし、メンタルトレーニングでは、身体を使いながら行うトレーニングとして考えます。

スポーツの技術や戦術を、イメージを利用して、トレーニングする方法といえますが、その利用法によって簡単なものから、複雑なものまであります。

一流選手は、イメージと聞いただけで、その場所・状況などを、五感（見る・聞く・におう・味わう・感じる）を使って、リアル（実際）に近いことをイメージできるといわれています。

このことは、普段からただ漠然とプレーをイメージをしているのではなく、試合を想定（イメージ）しながら、練習しているということになります。

たとえば、野球の素振りを、回数や時間で行うのではなく、「あの試合のあの場面であの球が来たら、どこへ打ち、こういう結果になる」とイメージして行うために、練習の質が高くなるのです。つまり、練習のための練習ではなく、試合ですぐ使えるプレー（素振り）にしているといえます。

このようなことができる選手は、監督の話を聞いても、具体的な場面がイメージでき、アドバイスや反省の内容を明確にイメージできます。

加えて、試合場の雰囲気や観客、試合の流れや試合の結果（ポジティブに自分が勝つ）イメージまでもができ、それを意図してトレーニングして、すばらしい準備をして試合で勝つ可能性を高めることもできるのです。

これは、テレビを見ているだけで、プロ選手やオリンピック選手などがしているプレーをすぐマネできたり、そのプレーの目的や意味がすぐ理解できるということにもつながります。

このようなことを利用して試合の好プレーをビデオなどで編集して、成功イメージを作るためのトレーニングもよく行います。試合場の風景や会場の観客などのビデオを撮り、この場面ではどんなプレーをすればいいかなどのイメージトレーニングをするのです。

2章でも紹介した試合の日のシミュレーションもイメージトレーニングになります。このように多くの種類のイメージトレーニングの方法があるのです。

リラックス状態でこそ効果がある

ただし、スポーツ心理学という学問的背景から見ると、イメージトレーニングの基本は、リラクセーションにあります。これは、リラックスした状態にしてイメージトレーニングを行わなければ、効果が半減してしまうという科学的根拠があるからです。

コーチがただ言葉だけで、また怒りながら「イメージしろ」「思い出せよ」「テレビを見てイメージしろ」などと指導しても、効果があまりないということです。

リラクセーションを実施してから行うほうが効果的であるということです。

［練習日誌を書いてイメージトレーニングをしよう］

練習日誌を書く

86ページで紹介したように練習日誌は今日からでも書き始めましょう。練習日誌を書くことは、イメージトレーニングの最良の方法です。

❶今日の練習はこうだったという過去を思い出すイメージトレーニングをする

❷思い出したイメージを、身体を動かしながら、修正したり、洗練させたりして、成功イメージを作る

❸その成功イメージを明日の練習や試合でどう使うかというイメージトレーニングをして、自信をつける

この3点を必ず念頭に置いて書いていきましょう。

練習日誌を書くことはイメージトレーニングの第一歩。自分の動作がイメージできない人は、まず、人のプレーを観察してからイメージするのもトレーニングになる

［イメージトレーニングの具体的方法］

日常的に行いたいイメージトレーニング練習法

❶リラクセーション
　心身ともにリラックス状態を作って開始。

❷他人のプレーをイメージ
➡最初は１つの動作から始め、できるようになったら連続した動作やいくつかの動きをつなげたものをイメージしていく。
　最初は数秒しかできなくても、少しずつ時間を増やしていく。
●できない場合／イメージが浮かばない人は、人のプレーを実際に見てすぐに目を閉じてイメージしてみる。

❸自分のプレーをイメージ
　自分がプレーしているときに目に入る風景や相手など、試合状況や自分の身体感覚をイメージする。
➡いつでも、どこでも、座っていても、横になっていてもできるようにする。
●できない場合／
1. 目を閉じて身体を動かしてプレーしながら、自分がプレーしているイメージを浮かべる。
2. 次に目を開けて、実際に行ってみる。
3. スローモーションで何度か行う。
4. 次第に鮮明なイメージが作れるようになってくる。
5. 目をつぶってスローモーションで行う。自分の筋肉や関節などの身体の動きを感じとる。
6. もう一度、目を開けて自分の視界に入る状況や相手を確認し、スローモーションで行う。
7. もう一度目をつぶり、その状況や相手、自分の身体感覚を感じながらイメージし、スローモーションプレーをする。
8. これを何度か繰り返す。自分のイメージが浮かぶようになたら、実際のスピードに戻し、同じように行う。

➡注意：最初は１つの動きや数秒の動作から始めましょう。慣れてきたら時間を長くして、複雑なプレーやフォーメーション、最終的には１試合へともっていきましょう。

イメージの使い方

●練習中や試合中／
　練習中や試合中に短いイメージが、パッパッと浮かぶようにする。
　できるようになったら、長いプレーや試合のイメージが描けるようにする。そのイメージの次のプレーや相手の動きを予測・予感できるようにする。

●自己分析用紙を使う／
1. 成功した原因を書いた用紙を見ながら、過去の試合で成功したときの要因を思い出し、イメージトレーニングでプラスのイメージを脳裏に焼きつける。
2. 失敗した要因を見ながら、過去の試合での原因をプラスの方向に修正していく。イメージのなかで具体的な作戦や、理想的な状況を自分の思い通りに修正し、マイナスの要因をプラスへと変えていく。
3. 自己分析用紙を見ながら、1．2．を繰り返すことで、過去・現在・未来の試合や練習の様子が自由にイメージできるようにする。

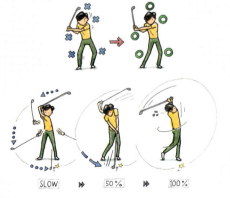

成功した、最高だった試合を思い出しながら、そのプラスの原因を書いてください。原因は思い浮かぶだけ書いてみましょう。
❶心理的な原因は？（気分が乗っていた、プレッシャーがなかったなど）
❷身体的な原因は？（調整がうまくいった、疲れがなかったなど）
❸その他の原因は？
❹監督（指導者）の態度、言葉、アドバイスなどは？
❺何でも気づいたことを書いてみましょう。

➡自己分析用紙の使い方
　小さな原因から大きな原因へと書いていきます。
　指導者（監督、コーチ）に原因があると思いあたるときは選手としてはどうしようもありません。イメージのなかで、「指導者は自分たちを励ます意味で怒ったんだ」「次はこう対応しよう」と考えるのです。これもイメージの力を使ってマイナスイメージを修正していくテクニックです。
　これを行い上級者になっていくと、予測できる困難や失敗をイメージできるようになり、その対応策を練っておくこともできるようになります。
　このようにして、イメージを使って自分が試合で勝つ状況を予想していきます。
　大切なのはプラス思考で行うことです。イメージなのですから、自分の自由に、思うがままに理想的な試合になることをイメージしていきます。

映像の利用
●一流選手の映像を活用する方法
❶映像を何度か見る
❷次にスローモーションで何度か見る
❸通常のスピードで何度か見る
❹スローモーションに合わせ身体を動かす
❺目を閉じてスローモーションで身体を動かす
❻もう一度、映像を何度か見る
❼スローモーションで身体を動かし、目を閉じて少しだけ身体を動かす
❽最後は目を閉じたまま身体を動かさないでイメージする
❾通常のスピードでも映像に沿って行う
❿最初は1つの動作から始め、プレー、フォーメーション、1試合と時間を長くしていく
⓫だんだん複雑なプレーや試合のイメージが鮮明になるようトレーニングする
⓬慣れてきたら、自分も一緒にプレーしているところをイメージする
➡プレーだけでなく、一流選手がプレーとプレーの間や休憩時間に考えていることもイメージしてみるとよいでしょう。

イメージトレーニングは奥が深い
　本書ではイメージトレーニングの方法の一部を紹介しました。
　イメージトレーニングは、試合で使えるようにここまで徹底して行うのです。
　まずは、最初に紹介した練習日誌から始めましょう。これで自分のイメージする力を鍛えていきましょう。

イメージトレーニング用映像作成方法→コラム132ページ

試合で使えるようにするのがイメージトレーニング

自己分析用紙
【第2章33ページ／第3章67ページ】

→失敗だった、最悪だった試合を思い出しながら、そのマイナスの原因を大きな順に書いてください。原因はあるだけ書いてみましょう。

❶心理的な原因は？（例：気分が乗らなかった、あがったなど）
  ❶
  ❷
  ❸
  ❹
  ❺

❷身体的な原因は？（例：ケガをしていた、疲れていたなど）
  ❶
  ❷
  ❸
  ❹
  ❺

❸その他の原因は？

❹コーチの態度、言葉、アドバイスなどは？

❺何でも気づいたことを書いてみてください。

失敗を成功にするイメージトレーニングを行いましょう

→成功だった、最高だった試合を思い出しながら、そのプラスの要因を
大きな順に書いてください。要因はあるだけ書いてみましょう。

❶理的な要因は？（例：気分が乗っていた、プレッシャーがなかったなど）
❶
❷
❸
❹
❺

❷身体的な原因は？（例:調整がうまくいった、疲れがなかったなど）
❶
❷
❸
❹
❺

❸その他の原因は？

❹コーチの態度、言葉、アドバイスなどは？

❺何でも気づいたことを書いてみてください。

巻末付録 03、04 ページにも同じワークシートがあります

115

ステップ13 集中力

事前に決めた動作が集中を生む

第2章で、集中力のトレーニングとして、パフォーマンスルーティーンとフォーカルポイントという2つの方法を紹介しました。

パフォーマンスルーティーンとは、集中力を高めたり、気持ちを切り替えたり、自分のリズムを取るための心理的テクニックです。

第2章で大リーグで活躍するイチロー選手が、ベンチからネクスト・バッターズ・サークルまでいつも同じように行動するという方法を紹介しました。これはあなたもすぐに考え方をマネすることができるはずです。

ぜひ、すぐに実行してみてください。これはスポーツによって状況が異なりますから、自分のスポーツの特徴をよく考え、何かのプレーに入る前などに、いつもやるべきことを決めておきましょう。

一方、フォーカルポイントとは、自分で決めておいた試合場のある一点（場所）な

［試合前・試合中に簡単にできる方法］

自分のスポーツにあてはめ、アレンジしていきましょう。

ほかのステップで紹介しているスキルが組み合わされているので、それぞれのページを見ながら、自分のプログラムを作りましょう。

● 目を閉じ、呼吸法を行う。特に深呼吸で吐くときに口をとがらせ、吐く息を長くして意識を吐く息に集中させる

● 一点に視線を集中し、瞬きしないで呼吸法を行う

● 大声で長く叫ぶ

● 「オーーーー」と重低音で声を出し、声に意識を集中させる

● 空をじーっと見上げてスマイル。「よーしやるぞー！」と心で言い聞かせる

● 相手の目を見る（にらむ）。相手が目をそらすまでそらさない

● 自分の好きな音楽を携帯電話で聴く。普段から意識が集中して気分が落ち着く音楽を決めておく

● 試合前のパターンを決めておき、相手や周りのことを気にする暇がないようにする

● 息を吸って手のひらを顔につける。息を吐くと同時に手を離し、手のひらに一点集中する

● 集中している状態がリラックス状態であることを確認する

● 楽しむこと、スマイルを忘れない

● 自信を持つこと。なくても自信があるふりをすること

● 心拍数・脈拍・呼吸をチェック

● 鏡で自分の目をチェック

● プレーとプレーの間の時間を利用し、いつでもどこでもすぐに集中できる動作などの合図を作っておく

どを見ると「集中力が高まる」「集中力を高めるための深呼吸を思い出す」と、決めておいた内容に沿って気持ちを切り替えるテクニックです。

これは、同じく大リーグで活躍した長谷川滋利投手が活用していたものです（詳しくは126ページのコラムで紹介）。

このように集中力は、日頃の練習から自分がどのようにすれば集中できるか、ということを知り、決めて、トレーニングしておく必要があります。

116ページの試合前・試合中に簡単にできる方法を参考に、自分のパフォーマンスルーティーンと、フォーカルポイントを決めてみましょう。

集中力は「狭い・広い・内的・外的」

スポーツ心理学の理論からいうと集中力といってもいろいろ種類があり、少し複雑になります。集中力とは英語でコンセントレーション（concentration）、またフォー

毎日実施しているリラクセーションの心理的テクニックを活用しよう

カス（focus）、アテンションコントロール（attention control）などといいます。

専門的にいうとコンセントレーションは、一点集中や、意識を1つのことに集中することなど「狭い集中」に関して使われます。フォーカスは、スポーツにおけるいろいろな状況での集中力のことを指して使います。サッカーやバスケットボールなどの球技で、状況がめまぐるしく変化し、味方がどこにいて、敵がどこにいるのかを瞬時に判断するような「広い集中」が必要な場合によく使われます。

さらに、自分の身体の内部（筋肉、心臓、フォームなど）に意識を集中する「内的な

集中」＝インターナル（internal）、また自分の外からの情報（音、声、目に見えるもの）などに意識を集中する「外的な集中」＝エクスターナル（external）という考え方もあります。

スポーツにおいては、「狭い」「広い」「内的」「外的」の4種類の集中があるのです。自分のスポーツにあてはめてみても、それぞれの状況において、その集中を使い分けていることがイメージできると思います。この4つの集中を選手はうまく使い分けたり、切り替えたりしてプレーをしているというわけです。

これは細かく1つ1つ、次は「狭い集中」、次は「広い集中」などと考えてやっているわけではありません。4種類の集中を状況に応じて、自然に使い分けられるよう、日頃から意識して、トレーニングしておくということです。

4種類の区別は、最初はわかりにくいかもしれませんが、トレーニングを積むうちに、次第に理解できるようになるはずです。頭の片隅に入れておいてください。

下欄でテニスのサーブの場面の例を紹介しています。自分のスポーツにあてはめ、集中力をどのように使っているのか、どう使うと効果的なのかを想像してみましょう。

表19 集中は4種類

狭い集中	●コンセントレーション（concentration）一点集中や、意識を1つのことに集中すること
広い集中	●フォーカス（focus）変化する状況下において集中すること
内的な集中	●インターナル（internal）自分の身体の内部（筋肉、心音、フォームなど）に集中する
外的な集中	●エクスターナル（external）自分の外からの情報（音、声、目に見えるもの）などに集中する

［集中の種類は細かく切り替わる］

　集中力の種類を説明するとき、私はいつもテニスのサーブのときの集中の例を紹介します。ぜひこれを自分のスポーツにあてはめてみてください。

　また、読んでいくとわかりますが、集中の種類は状況、プレーによって細かく変わるものです。これを1つ1つトレーニングするのではなく、自動的に理想的な集中を使えるようにすることが、トレーニングの目的です。スポーツにおける集中というのは、状況や場面によってこれほどまでに変わるのであり、それに沿ったトレーニングを日頃から積んでおくことが必要であることを理解してほしいと思います。

［テニスのサーブの集中例］

❶相手のコートと相手を見て、観察する＝情報収集 ➡ 「広い集中」、「外的な集中」
❷ボールを打ちたいと思うイメージまたその場所に一点集中する ➡ 「狭い集中」
❸風向き（追い風、向かい風、横風）を確認したり相手の構えている位置を確認する ➡ 「外的な集中」
❹打ちたいボールをどのように打つかをイメージする ➡ 「内的な集中」
❺手に持っているボールを3回コートに打ちつける。この動作でボールに意識を集中する ➡ 「狭い集中」
❻ボールを投げ上げてサーブの動作でボールに意識を集中する ➡ 「狭い集中」
❼ボールを打つための身体の使い方や筋肉に意識を集中する ➡ 「内的な集中」
❽サーブを相手が打ち返すことをイメージして反応するためのポジションやコースを予測する ➡ 「内的な集中」
❾相手の動きを瞬間的に観察する ➡ 「広い集中」
❿サービスリターンを返すために意識を集中する ➡ 「狭い集中」

［フォーカルポイントをやってみよう］

　大リーグで活躍した長谷川滋利投手も活用していたテクニックが、フォーカルポイントです。

　試合場のある一点（場所）を自分で決め、そこを見ると「集中力が高まる」「集中力が回復する」「集中力を高めるための深呼吸を思い出す」と、気持ちを切り替えるきっかけとなる点を見ることを行うというものです。

　グラウンドで行うスポーツなら、胸を張り上を向いて「空を見上げる」という動作でもいいでしょう。

　この動作のなかには、さまざまな種類の心理的スキルが組み合わされています。

●胸を張り自信がある姿勢や態度をとる
　➡プラス思考（121 ページ）
●頭を上げ上を向くことで頭の中をプラス思考にする

　➡ヘッズアップ（88 ページ）
●深呼吸をして心を落ち着かせ、吐く息に意識を集中して集中力を高める
●「よーし！　いくぞー！　気合い入れていこー！」など自分で自分に話しかける
　➡セルフトーク（123 ページ）
●声を出すことで気持ちを切り替えたり、気持ちを乗せる
　➡集中力（116 ページ）

　このように各心理的スキルをトレーニングすることで、集中力のトレーニングにも生かせるわけです。とくに、毎日の練習前や後にリラクセーション（96 ページ）を行うことが集中力を高める基礎トレーニングとなります。

＊この方法については、ベースボール・マガジン社より「高妻容一のメンタルトレーニング」というDVDが出ていますので参考にしてください。

フォーカルポイントは、試合中にどこか1点を見つめることで気持ちを切り替えるテクニック。あらかじめその1点を決めておいて、試合中に思い出すことで集中を回復する

ステップ14 プラス思考（ポジティブシンキング）

自分がヒーローだ！という発想

　ポジティブシンキングとは、文字通り、考え方をポジティブ（プラス方向）にしようという理論です。

　スポーツにおいて、プレッシャーが「見えない重圧、見えない金縛り」となって選手の実力発揮に邪魔をしてしまいます。

　プレッシャーは、結果を考えることから、不安になったり、悩んだり、あせったりして、ある種の圧迫感を感じて、弱気、守りの気持ち、逃げの気持ちになっていくというマイナス思考です。

　つまり、プレッシャーは、自分の考えや気の持ち方で起こるのです。わかりやすいのは、同じ状況でプレッシャーを感じる人と感じない人がいるということです。

　たとえば、多くの観客のいる会場ではこのようなことがあるかもしれません。

　A「オレがヒーローになる」
　B「こんな大勢の前でミスをしたら……」

　Aはプラス思考の人で、Bがマイナス思考の人の発想です。プラスかマイナスの考え方を決定（選択）するのは、自分自身なのです。

　Aのような人は、他人（対戦相手も）、自然、道具、施設など自分のコントロールできないものに惑わされないのが特徴です。「今の環境や状況で自分ができるベストのことをしよう」と考えられるのです。

　ここでの他人というのは、対戦相手だけでなく、監督やコーチなどの指導者も含みます。

　たとえば、指導者にミスを注意されたら「自分はどうせダメな選手なんだ」とマイナス思考にならずに、「よし、もっと上達するように次は頑張ろう！」と思えるかどうか、ということです。

　プラス思考のトレーニングは、第2章で紹介したように、1日24時間をプラス思考で過ごすことが何よりのトレーニングとなります。そこで、122ページの表に、あなたがコントロールできるものとできないものを書き出してみましょう。

他人、天気、過去、未来などはコントロールできない。自分でコントロールできるのは自分の考えや判断のみ

そして、私が期待する回答と照らし合わせてみてください。いかがですか？

　コントロールできるものと、できないものを、あなたはきちんと区別できていますか？　ここでしっかり確認することで、あなたのこれからのスポーツに対する取り組み方は変わってくるでしょう。

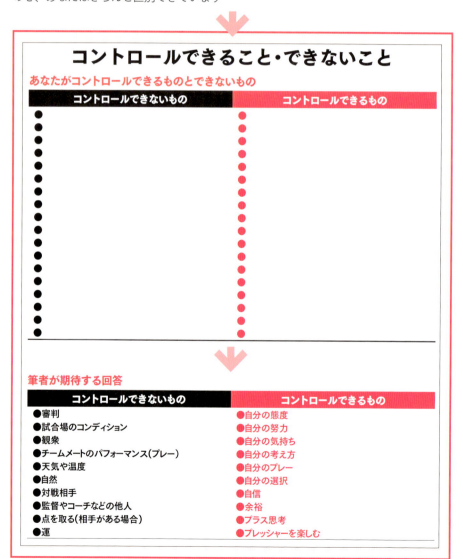

ステップ15 セルフトーク

自分だけでなく仲間の気持ちも楽しくする

セルフトークとは、自分自身と会話するという意味です。実際に声を出して話したり、頭の中で考えるという自己会話もそうです。また、自分に言い聞かせるように話したり、言葉を口にして、自己暗示をかけていく方法でもあります。

ここでは、あなたが使うプラスの声・言葉づかい・会話が自分の気持ちを切り替え、感情をコントロールすることに役に立ち、やる気も高めてくれるいくつかの方法を紹介します。

セルフトークは、プラス思考で、楽しく、元気よく行うことが基本です。

自分の気持ちが楽しくなるのと同時に、チームメートなど他人の気持ちも楽しくし、互いに気分がよくなるようにすることも目的の1つです。

試合で気持ちよくプレーができるように、練習を楽しくできるようにするためのスキルであり、気持ちの切り替えのためのものだということをしっかり確認して行いましょう。

表21 日常生活でセルフトークをする例

場所・シチュエーション	セルフトークの方法
朝起きたとき	布団の中でストレッチをしながら、「よーし、今日も頑張るぞー」
朝起きて家族に	食事の時に元気よく、気持ちよく「いただきまーす」「ごちそうさまでしたー」
朝ご飯を食べながら	明るい雰囲気で楽しいことを考えながら笑顔で食事をする
歯を磨きながら	鏡に向かって自分にあいさつ。「おはよー、元気?」「ウィーっす」など
朝の散歩	気持ちのいい空気を吸いながら散歩し、「よし!」「今日は楽しもう」など
学校や職場で	「おはよう!」と元気よくあいさつし、朝から元気のよい張りのある態度で勉強(仕事)
練習前	「こんにちわー」とあいさつをして、「よーしやるぞ」とセルフトーク
練習中	声がけを「OK!」「いいね!」「ナーイス!」などとプラス思考で言う
練習終了時・練習後	「今日も楽しかった〜」「いい練習できた〜」とセルフトークして帰宅する

ネガティブなセルフトークや顔・態度・行動をした人がいたら、手をプラスにして「プラス思考ビーム」を出す。出された人は光線にやられたように一回転して、身体でプラスの一文字を作り、大きな声で「プラ〜ス!」と言うことで気持ちの切り替えになる

表22 セルフトークの方法とチェックポイント

方法	チェックポイント
❶鏡の前で自分の顔を見て話してみる	●スマイルしている？　どんな話ができる？ ➡「おはよう！」「調子は？」などと言ってみることから始める
❷鏡の自分とプラス思考で会話する	●「目が輝いているな」「やる気満々だ！」「俺は天才だ！」など ➡常にポジティブに
❸自信があるようにふるまう	●目線をやや上にし、空を見上げるようにする ●胸を張り、あごを上げ、自信たっぷりの姿勢をする ●「よし！」といいながらガッツポーズをして力を込める
❹練習や試合で活用する	●苦しいときに「いける！」「よっしゃー！」「まだまだ！」などと言う ●苦しくても「さー来い！」と余裕があるふりをする
❺慣れてきたら、冷静な判断をするセルフトークを行う	●「危ないなー。でも大丈夫。予定通りだ！」「次はこの作戦がある！」 ●ミスをしたとき「次はうまくいくさ！」
❻もっと慣れたら、セルフトークを楽しむ余裕を持つ	●「ここで打たれたら負けるな。この緊張感がたまんないなー！」 ●「楽しいなったら、楽しいな！」
❼呼吸法を用いる	●呼吸を強くしていく方法で気分を高める。 ➡「よーし」を4段階で言う。 　①下を向きながら小さな声で、②正面を向き小さな声で、③少し上を向き少し大きな声で、④上を向き大きな声でガッツポーズを取りながら言う。 ➡同様に「楽しい」「自分は天才！」などとやる気を高める言葉を繰り返す
❽イメージを用いる	●自分の望む光景や動作をイメージし「よーし、そこだ」「いける！」など
❾映像を用いる	●好きな選手のDVDなどを見ながら、「おーさすが○○選手だ。でも、自分ならこうする！」「自分なら、この場面は、このプレーだ！」 ➡予測のイメージトレーニングもしてしまう
❿繰り返し口に出す	●自分の希望を何度も言う。 ●「できる！　できる！　できる！」「自分は天才だ！」 ➡目を輝かせ、自信のある態度で身体に力を込めて、激しい口調で言う
⓫動作を用いる	●何か1つの動作を行うとエネルギーがわいてくる、というルーティーンを持つ

声かけのチームルーティーン例

● 「1・2・3・4・5・6・7・8・9・10！」と数を数える
● プラスの言葉を言う
「できる」「大丈夫」「やればできる」
「可能だ」「まだまだ」「やれる」
「いける」「次・次・次」「よ～しいくぞ～」
「イチ・ニ・サン・ダーッ！」など

ステップ **16** サイキアウト

心理的優位に立つ

サイキアウトとは、相手よりも精神的優位に立つためのテクニックです。

これにはいろいろな方法がありますが、本書では、自分のリズムやペースで物事を進めるためのテクニックとして紹介します。それが自分の実力発揮につながるからです。

負ける試合の多くは、相手のリズムやペースで物事が進むときです。

● うまくいかない
● 疲れる
● 無理をする
● 勝手が違う
● 不安を大きくなり、迷いや悩みが起こる

このような状態になることで、ミスを犯し、負けにつながると考えられます。

ですから、相手のペースに巻き込まれないように、サイキアウトをうまく利用していくのです。

簡単にできるのが、右の表のような方法です。試合場に到着するなり、相手より先に大きな声で「こんにちは！」「よろしくお願いします！」と言うこともサイキアウトのテクニックの１つです。

そうすることで、「こいつら気合いが入っているな」「元気がいいな！」「やばいな！」

サイキアウトの方法（例）

● 相手より声を出す
● こちらから大きな声であいさつする
● 相手と目を合わせ、先にそらさないなど

などと、相手に考えさせることができるのです。

このときに大切なのが、態度や表情です。ここまで学んできた自信のあるふるまいなどが生かされるのはおわかりいただけるでしょう。そして、目の表情もとても大切です。

余裕のスマイルや、精神力を表すアイファイティング（視線の戦い）などは有効です。ただし、これはやりすぎると、品がなく、マナーに反する態度になるから注意しましょう。一流選手は、相手を不快にさせずに、心理的優位に立ちます。

サイキアウトのテクニックは、相手の考えを読み、自分が心理的優位に立つことによって、試合内容の予測や、作戦を立てることにもつながります。このテクニックを洗練させ、試合で勝つために必要なこと、プレーはどんなものかを考えることになるのです。

ステップ 17 コミュニケーション

ポジティブな会話を心がける

コミュニケーションは、コーチと選手、選手同士、または保護者も含めた人間関係に重要です。

コミュニケーションがしっかりとれていれば、意思の疎通、共通理解、目的に対する共通理解、やるべきことへの共通理解、そしてチームワークが生まれると考えられます。

コミュニケーションスキルには、プラス思考やセルフトークで紹介した、プラス思考のためのトレーニングが活用できます。

口から出る言葉をポジティブにし、24時間の会話をポジティブにする方法を試してください。これを行えば、コミュニケーションのトレーニングとして、ポジティブなコミュニケーション（対話）が習慣化できるはずです。

まずは、笑顔で気持ちのいいあいさつから始めましょう。朝起きて家族や寮のチームメートに、また学校や会社に行ったときに「おはよー」と、練習場や試合場に入るときには「こんにちはー」と元気よく語尾を上げて言うことがポイントです。

練習や試合の日には、「今日は楽しかっ

パートナーと大きなガッツポーズをしながら本気でじゃんけんをして、勝った方は「よっしゃー」と、負けた方は「くそ〜！ 次こそは〜！」と大きな声を出すことで、次の勝負に向けた気持ちの切り替えや準備になる

たね」「いい練習ができたね」と、プラス思考の会話をして気分よく1日を終えましょう。ふだんの生活でも、話す内容を意識してポジティブにすることで、頭の中を少しずつプラス思考にしていくトレーニングになります。

　また、下記のイラストにあるチームルーティーンは、全員が同じ声を出し、同じ動作をし、呼吸を合わせることでチームワークを高める方法です。笑顔になりできるだけ大きな声を出して、全員の気持ちが高まるよう意識しましょう。これによって、集中力が高まり、気持ちの切り替えにもなります。また、毎日の練習の中でトレーニングとして何度も行うことが重要です。試合時にだけ行うと、試合だけの乗り（心理状態）が生まれ危険です。練習では気分が乗らない、声が出ないけど、試合では気分が上がり、声が出るという状況は望ましくありません。

　下記で紹介している声かけのチームルーティーンをぜひ行い、チームメートとともに気持ちを作ってみてください。

チーム全員で数を数えるのもルーティーンとして、すぐにできるテクニックの1つだ

ステップ**18 セルフコンディショニング**

気持ちよい1日は、よい練習に通ず

セルフコンディショニングは、日本語では「自己調整」と訳すことができます。

この言葉が示すように「選手が自分で、心理的な準備・調整をする」ということです。

この自己調整をするために、ここまで学んできた心理的スキルを1日を通して、また場面によって活用できるようにプログラムしていきます。

ここでは、24時間を活用するプログラム、試合当日のプログラム、朝、気持ちよく起きるためのプログラム、夜気持ちよく寝るためのプログラムの4種類を紹介します。

朝、セルフコンディショニングを行うのは、1日を気持ちよくスタートできれば、質の高い1日になり、それが質の高い練習につながると考えるからです。夜に行うのは、よい睡眠をとることで疲労回復につなげ、翌朝、よい目覚めを迎えることが目的です。寝ることもトレーニングの1つととらえるのです。

寝る前にはステップ9で紹介したリラクセーションプログラムを行うのもよいでしょう。足を温めたり、ストレッチをしたりするだけでも睡眠の質はぐっと高くなります。試してみてください。

表23-1 **試合当日のプログラム例**

毎日実施しているプログラムと同じ手順で行うことで、いつもどおりの心理状態を作っていくことが基本です。

試合当日は試合時間に合わせて実行します。たとえば、試合開始前2時間前に集合し、75分前からミーティング、70分前からプログラムをスタートする手順などをあらかじめ決めておくのです。

シチュエーション	行うこと
❶朝のセルフ・コンディショニング	朝の散歩を含めて30分で1日の心理的準備をする
❷朝食をおいしく食べる	ゆっくり時間をかけて楽しく食べ、エネルギー補給をする
❸ミーティング	前泊の場合は、簡単なミーティングを行う
❹DVDや映像を見る	やる気の高まる、勝つイメージのできる好プレー特集などを見る
❺移動	移動のバスでの音楽の利用。個別なら携帯電話などを利用
❻試合場到着	到着と同時に気持ちが戦闘モードにするきっかけの時間とする
❼ロッカールーム	軽快な音楽を流し、いい雰囲気作りをする
❽試合会場への散歩	着替えたら、会場へ行く。試合場の雰囲気、グランドコンディションなどをチェック、目標設定やイメージトレーニングをする。屋外であれば、風向き、太陽の位置などもチェックする。会場と友達になる気持ちで散歩をして、試合に対する心理的準備をする

表 23-2 **24 時間を活用するプログラム例**

これまで各ステップで紹介してきた心理的スキルを1日の流れに沿って、活用していく方法です。これはあくまでも例ですから、自分の1日のスケジュールを立てて、自分に合うプログラムを立てましょう。ただし、表で紹介しているようなシチュエーションは必ず抑えることが大切です。

シチュエーション	方法・活用するスキル
❶朝起きたとき	気持ちよく起きて1日の心の準備をする
❷朝の散歩で心身の準備	朝食をおいしく食べる、気持ちよく学校や仕事に行く
❸学校や仕事場	クラスメイトや同僚と楽しい会話や良好な人間関係を持つことで、練習とのよいバランスをとる。今日のトレーニングをよい練習へすることの心理的準備とする。学業や仕事も練習の一環とする考え
❹練習前から軽快な音楽を流す	練習前のいやな雰囲気をやる気のある雰囲気にする
❺互いに元気のいい挨拶や言葉がけ	今日の練習を頑張りましょう!という心の準備
❻目標設定	練習の目的や方法の説明をし、やるべきことやりたいことの全員の共通理解を持つ
❼導入	「今日もいい練習をしよう」というコーチからの元気・やる気の出る言葉
❽リラクセーション	練習への気持ちを切り替える心の準備・心のストレッチ
❾身体のストレッチ	筋肉や身体の準備とともに心の準備
❿サイキングアップ	やる気や気持ちをのせる心のウォーミングアップ
⓫身体のウォーミングアップ	体操やダッシュ系の身体のウォーミングアップ
⓬クラブの練習・休憩	途中での気持ちの切り替えや集中力回復の動作や言葉を入れる
⓭身体のクーリングダウン	疲労回復
⓮心理的クーリングダウン	心の疲労回復、気持ちの切り替え、明日へのやる気を高める
⓯最後の言葉	コーチからの練習の評価(よい点)と明日の練習の目標(反省を含む)など
⓰別れの言葉がけ	ポジティブな言葉で「お疲れさん」や「明日も頑張ろう」など
⓱日常生活に戻る	練習から気持ちを切り替え、楽しい自分の生活を楽しむ
⓲練習日誌	寝る前に、今日の練習の反省と明日の目標設定(成功のイメージトレーニング)
⓳寝るためのトレーニング	夜のセルフコンディショニングでいい睡眠(疲労回復)

表 23-3 **朝のセルフコンディショニング例**

シチュエーション	行うこと
目覚め(布団の中で)	目覚まし時計の代わりに、クラッシックなどの音楽で優雅に目覚める。深呼吸・あくび・セルフマッサージ・漸進的筋弛緩法・ストレッチなどでゆっくりと目を覚ます
起き上がる	次に軽快な音楽をかける。音楽に合わせて呼吸を早く行うと同時に、身体も軽く動かし少しずつ身体と心を起していく
洗顔・歯磨きタイム	顔を洗うときや歯磨きでも軽快な音楽を流す。ただ顔を洗うより、気分が乗ってくる
散歩や朝の練習	散歩や朝の練習を行うことでお腹をすかせる。朝ご飯がおいしく食べられる

表 23-4 **夜のセルフコンディショニング例**

● 足を温める(風呂、足湯、コタツなど)　● ストレッチをする

プログラム6 試合のための心理的準備

ここまで、心理的スキルの実際の方法を学んできました。プログラム6がメンタルトレーニングの最後の段階です。

これまで学んできたスキルを実際に試合で生かすための、徹底した準備を紹介します。試合で自分の目標を達成するためには、最高の準備が必要であることをここで確認してください。

ステップ19 試合に応用するテクニック

やるべきことの優先順位をつける

毎日の練習において身につけた技術・戦術・体力を、試合で発揮するためには準備が必要です。

毎日の練習を、試合で使える質の高い練習にすることが基本であることをまずしっかり認識してください。突然、試合前にこのページだけを読んで心理的スキルを行っても、すぐにできるはずがありません。

試合が決まったら、逆算して日数を数え、その日数内でできることを準備していきます。

右の表がすべて埋まらないと、準備万端とはいえません。

たとえば、試合会場の視察などはなかなかできないかもしれません。しかし、最近ではインターネットなどもありますから、できる限りの手を尽くして、会場までの道のりや会場内の雰囲気などをつかんでおきましょう。

試合までにやるべきことを決め、そのなかでさらに優先順位を決めて、準備をし、試合で勝つ可能性を徹底して高めましょう。また、右ページではこれまで学んできた心理的スキルの目的もまとめてみました。

メンタルトレーニングは、試合で勝つため、勝つ可能性を高めるために行っているという人がほとんどだと思います。ここでは、心理的スキルを試合でどのように活用していけばよいのかということを、改めて確認します。まとめを読み、今一度、考えてみましょう。

試合では、自分がどのような気持ちになるなのかをイメージしておく

表 23-4 **勝つためのプランチェック表**

シチュエーション	チェックポイント	準　備	結　果
試合前	●試合会場への交通手段は？		
	●試合会場の規模・雰囲気は？		
	●試合前日にすることは？		
試合当日	●朝はどう過ごす？		
	●朝のセルフコンディショニングは？		
	●食事は？		
	●試合会場へ行く途中は？		
試合会場で	●着替えるときは？		
	●試合場の下見は？		
	●心理的ウォーミングアップは？		
	●身体的ウォーミングアップは？		
	●試合直前は？		
試合開始後	●試合開始直後は？		
	●試合の中盤では？		
	●プレー中、ハーフタイム、試合と試合の間の時間は？		
試合後	●試合が終わったら何をする？		

試合で活用するための心理的スキルまとめ

❶心理テストでの自己分析

自分の心理状態やメンタル面の強さなどを定期的にチェックする

❷目標設定

自分のやりたいこと、やるべきことを確認し、自分でやる気を高める

❸リラクセーション、サイキングアップ

朝、練習前、試合前に気持ちの準備をして、試合で勝つ可能性を高める

❹イメージトレーニング

予測、判断、決断力を高め、成功の準備をする

❺集中力のトレーニング

試合当日に、大事な場面で集中力を高めることができるようにする

❻プラス思考の強化

監督との人間関係や自信、強気、前向きの気持ちを作る

❼セルフトーク

自分の気持ちをコントロールし、自信をつけるセルフトークをする

❽試合に対する心理的準備

試合で起こりうる出来事をイメージしてどのような場面で心理的スキルを使うかを考えておく。ミスしたときは、フォーカルポイントを使うなど

❾2・3度目の心理テスト

シーズン前・シーズン中、大切な大会前などに行い、メンタル面が強化できたのかを確認する

今日から
すぐできる！
4

［試合をどう撮る？イメージトレーニング用の映像作成方法］

最近では、多くの人が試合や練習を撮影し、プレーのチェック、課題の洗い出しや反省に使用していることと思います。近年、携帯電話やビデオカメラの技術が格段に進歩し、利用はますます便利になりました。では、あなたはその映像を、どのように映し、利用していますか。

ここでは、イメージトレーニングの一環として使える試合の撮影内容とDVDの作成方法を紹介します。

ただし、内容はトップアスリートが使用できるレベルのものですから、準備できない映像もあると思います。それらについては、自分たちのできる範囲で用意しましょう。映像はすべて10分以内に収めます。コンパクトに見られ、印象に残るものを作りましょう。

試合前の準備のための映像

試合は会場や場所、相手はそのときによって異なりますが、自分たちの準備は大きく変化がありません。そこで、試合の1日の流れをイメージする映像を用意します。

❶ **自分たちの練習風景**
➡いつもの練習の様子。よいプレーのとき、チームが一丸となっているとき、などプラスのイメージのもの。やる気の出るシーンを入れる。

❷ **学校・職場、選手の家やその周辺の様子**
➡チームの場合は、チームが所属する学校や職場と、練習場。個人で作成の場合は自宅も入れる。

❸ **地元の駅、空港などに出発する場所**
➡チーム所有や貸し切りバスで移動するという場合は、いつも出発する場所など

❹ **電車、飛行機、バスの中の様子**
➡車内、機内の撮影は周囲に迷惑がかかるので注意しましょう。撮影できない場合は、外観を映すなどして代用します。移動する状況をイメージできればいいのです。

❺ **試合場の最寄り駅、空港、バス停などの風景**

❻ **ホテルなどの宿泊先に行くまでの風景**
ホテルの全景、入口、ロビー、部屋など（部屋の中なども撮影できればなおよい）。

❼ **ホテルから試合場までの道のりと風景**

❽ **試合場の全景、周りの風景**

❾ **試合場の入口、会場内、ロッカールームなど当日使用すると思われる順序で**

❿ **同じ会場で試合があれば、撮影して会場の雰囲気を入れる**

➡試合の日時と会場が決まったら、できれば会場に行き（または行ってもらい）、会場や周辺の様子を撮影する。会場に入る時間や試合時間に近い時間帯がよいでしょう。できない場合は、最近ではインターネットなどが普及しているので、会場を調べ、周辺の地図や会場の写真などを調達し、それを画像としてはさんでもよいでしょう。

⓫ **試合前の心理的ウォーミングアップ（サイキングアップ、リラクセーション）、身体的ウォーミングアップの様子**

➡いつも行っている様子を撮影しておき、

ここで入れる。

⓬指導者（監督やコーチ）がいつも行う試合前の動作や行動、アドバイスなどを編集して入れる

➡なるべく短い時間にする。

また、目をつり上げて怒ったり、同じことの繰り返し、選手の気持ちを盛り上げていない発言など、マイナス面のあるものは避けましょう。

⓭試合直前やミーティングの様子

⓮さあ、試合開始！

➡勝った試合や内容のよかった試合を使いましょう。開始すぐ、試合中、タイムアウト、有利な状況、終了直前、終了の順序で編集します。

⓯勝ったときのシーン

➡必ず勝利のシーンを入れます。優勝して喜びを爆発させているシーンや、表彰式、みんなや指導者、保護者たちと喜び合う様子などです。

あこがれのプロ選手やオリンピックのシーンを使うなどしてもよいでしょう。

⓰一番知らせたい人への報告シーン

➡家族、お世話になっている人、恋人、友達に勝利を報告し、互いに喜んでいるシーンです。以前の試合のものでもいいですし、あなたの決意を入れてもよいでしょう。

試合の日に撮影したい映像

❶朝の集合、移動の様子

❷試合場に着いたときの様子

❸ロッカールーム

❹心理的・身体的ウォーミングアップ

❺試合前のミーティング

❻試合

❼試合中の観客、会場の雰囲気

❽休憩時間

❾解散時、帰り道の移動

➡試合の日は、朝の集合時から解散時まで1日を通して撮影しておきましょう。

試合後に振り返る場合、試合内容だけでなく、その準備の中にも勝因や課題点、反省点が隠れているかもしれません。

撮影した内容は、次回のイメージトレーニングDVD作成時に使いましょう。

モチベーションDVD

試合に向けてモチベーションを上げるための映像集です。できればパソコンを使い、コメントを字幕で入れて編集します。

❶チームの好プレー集

❷目標とする大会に向けて練習を積んできた様子

❸チーム（自分）が最高のプレーができた試合

❹監督の言葉（「ここまでよく頑張ってきた。ありがとう」など）

❺選手たちの決意（「1年間、自分たちはすべてをやってきた！」など）

COLUMN

かつての教え子の「10年後のコメント」

　2008年の北京オリンピック終了後、「こんなことが書いてあったよ」と、知人から新聞の切り抜きをもらいました。そこには、北京オリンピックから10年ほど前に大学の講義で指導していたある選手のコメントが載っていました。

　彼は、かつて私のメンタルトレーニングのゼミ（1年間の教養ゼミ）と応用スポーツ心理学の講義を受講していたことがある選手です。当時は、日本選手権やアジア大会で優勝し、自己新記録を3連続更新するなど素晴らしい成績をあげていました。オリンピックには3度出場し、大学卒業後に出場した2度目のオリンピックでは銀メダルを獲得した、世界レベルの選手です。

　その選手が語ったという記事はこのようなものでした。

　「自分が大学のときに受けた講義で、高妻先生という人が、笑顔で楽しんだときに実力が発揮できると言っていた」

　驚きました。最近は彼に会うことはなく、また私の勤務先も変わっているのですから。

　ですから、たいへんうれしく思いました。10年前に指導した選手が、メンタルトレーニングについて覚えていてくれたのです。このコメントは、私に「蒔いた種は確実に育っている」ということを強く実感させてくれました。

　ちなみに、当時、講義を受けていた選手の競技成績を調査したところ、例年になくよい成績を収めたという結果が出ました。スポーツ心理テストの分析からも、メンタル面強化のポジティブな影響が認められ、メンタルトレーニングの効果が実証されました。ただし、スポーツの結果は、練習の質、監督、コーチ、チームメート、友人、チーム事情など多くの要因があり、メンタルトレーニングだけの効果ということはあり得ません。

　メンタルトレーニングはこのように数字ではっきりとした結果を示せるようなものではないからこそ、かつての教え子の「10年後のコメント」のような実感や記憶は、私たちメンタルトレーニングを指導する者にとっての大きな喜びであり、何よりの報酬です。

第4章
応用編

年代別で気をつけたいこと

メンタルトレーニングを行うとき、年代別で気をつけたい点があります。第4章では、中学生からプロアスリート、中高年の各年代別で注意してほしい点と、それぞれの環境におけるメンタルトレーニングの状況を紹介します。

プログラム1 中学生のメンタルトレーニング

メンタル面強化を通じて、目標達成の楽しさを知ることができる

中学生のあなたへ

自分で考えるテクニックを見つけよう

中学生のあなたには、メンタルトレーニングを通じて、「自分で考える」ことの楽しさ、おもしろさを発見してほしいと思います。

メンタルトレーニングは、メンタル面を強化することで、勝利をつかんだり、上達することを目標に置いています。でも、それだけではありません。

スポーツを行うときの楽しさやおもしろさ、夢中になってしまう自分なりの理由を確認し、その気持ちを大切にしながら続けていくコツやヒントを学ぶところにあるのです。

上達するにはどうしたらよいか。強くなるには？ 勝つには？ 友達との関係や、勉強との両立は？

スポーツをしていると、いろいろな悩みや考えなければいけないことがたくさん出てきます。それは、楽しいことだけでなく、ときにはつらいこともあるかもしれません。

そういうとき、メンタルトレーニングはきっとあなたを助けてくれるはずです。

本書をよく読み、学んでください。そして、自分の考えのまとめ方、目標の立て方と実行する力を身につけましょう。

たとえば、毎日の練習日誌をつけることで、スポーツに関することだけでなく頭の中が整理されることがあるはずです。心理的スキルの中には、日々の練習や学校生活に役立つヒントが隠されているかもしれません。それを自分自身で発見して試してみてほしいのです。

メンタルトレーニングを通じてスポーツの楽しさを確認することはもちろんのこと、目標を立て、それに向かって行動していくおもしろさをぜひ知ってほしいと思います。

指導者の方へ

理論より実践第一で

最近は中学生の部活動にも、メンタルトレーニングがさかんに導入されるようになりました。特に、野球やバスケットボールにおける普及は、目を見張るものがあります。

この年代は素直で柔軟であるために、メンタルトレーニングについて説明し、興味を持つとものすごい勢いで吸収してくれるのです。

私がこの年代を指導するときは、理論だけでなく、実技をしながらどんどん指導します。何よりもメンタルトレーニングのおもしろさや楽しさを知ってもらいたいからです。理論は実践していくうちに次第に理解できるようになりますから、まずはやってみることが第一だと考えています。

メンタルトレーニングは勝利だけを目標としていません。スポーツを通じた心身の成長の手助けとなることを目指しています。メンタルトレーニングを通じて、成長過程にある子どもが、目標に向かって努力することの大切さや充実感を知ってほしいと思っています。

メンタルトレーニングは、世界的には常識でありながら、日本のスポーツ界に浸透しているとはいえないのが現状です。また、指導者の中には、自身が選手時代に経験したことがないため、メンタルトレーニングという言葉に抵抗を感じたり、やってみたいと思っていながらも、なかなか取り組めなかったりという現状があります。

もし、導入したいと思われたら、メンタルトレーニングについてよく学び、正しい知識を身につけてほしいと思います。子どもたちに心の底から納得して実施してもらうためには、まず指導者の正しい理解とやる気が重要です。

中学生時代はゴールデンエイジと言われるように、予想を超える大きな成長が期待できる年代です。目先の勝利だけでなく、選手の可能性を信じて、長い目で見た指導が重要であると言われます。メンタルトレーニングも同様です。

とくに目標設定は、将来を見据えて行いましょう。子どもたちのスポーツが「好き」「おもしろい」「楽しい」という気持ちを最大限に引き出せるようなメンタル面強化につなげてほしいと思います。

中学生のメンタルトレーニング

- メンタルトレーニングを通じ、目標達成の楽しさやコツを学ぶ。
- 指導するなら実技から。理論よりも実践しながらどんどん身につけよう。
- 指導者の正しい理解と知識が重要。メンタルトレーニングを学び続けることを忘れずに。

プログラム2 高校生のメンタルトレーニング

日本で最も活用している世代。さらなる発展も期待

高校生のあなたへ

変化する練習環境に対応しよう

　高校生の年代は、日本においてこれまで最も多くの選手がメンタルトレーニングを導入している年代です。

　すでにメンタルトレーニングをしている人も、これから始めてみたいと思っている人も、メンタルトレーニングについての正しい知識を身につけ、長く続けてほしいと思います。

　高校生になると、スポーツ活動はシビアになってきます。目指す目標によっても異なりますが、中学生までよりも、「勝利」へのこだわりが強くなるでしょう。進路への影響が大きかったり、周囲に勝利を強く求められる場合も増えてきます。

　ライバルも増えます。中学時代はチーム随一のエースだった人も、高校に入ってみれば、自分よりうまい人がたくさんいた、ということがほとんどでしょう。

　指導者は中学時代のように手取り足取りで指導をしなくなりますし、指導者と自分の考え方が異なる場合も出てくるかもしれません。そのようなときに、どのように練習したらよいかわからなくなってしまい、目標を見失ったり、スポーツをやめてしまったりする人もいるようです。

　このように高校になると、さまざまな変化が訪れ、中学校時代までの練習への取り組み方を変えていく必要が出てきます。

　私は、メンタルトレーニングを行うことで、この変化をしっかり受け止めて目標を定め、やるべきことを実行する力をつけてほしいと思っています。

　メンタルトレーニングは、正しく身につければ、高校卒業後の進学先や就職先でも活用できるものです。もちろん、将来、指導者になったときにもきっと役に立つはずです。

　高校3年間の結果だけにとらわれることなく、長いスパンでとらえて取り組んでください。

強豪ほど取り入れている

日本においてメンタルトレーニングが高校生の年代に広く普及した理由を考えると、次のような要因が思い浮かびます。

❶「本気で勝ちたい」「なんとか選手を伸ばしたい」という指導者が多いこと

❷春の選抜大会、インターハイ、甲子園大会（野球）、春の高校バレー（バレーボール）など、メディアも含めた注目度が高い

❸注目度が高いため、運動部の活動資金に余裕がある

❹指導者には、勝たなくてはいけない重圧がある

❺スポーツ特待生として入学するような選手もおり、学費免除などの条件の下、勝利が必須

このような現状から、メンタルトレーニングは、日本の高校スポーツのニーズに合っているということになります。

近年、各県の指導者、国体チームの監督・コーチ、日本高等学校野球連盟、全国高等学校体育連盟、日本中学校体育連盟などの研修会で、メンタルトレーニングが取り上げられることが多くなりました。

また、私がかかわった高校の指導者や選手、保護者はこれまでにのべ1万チーム以上になります。つまり、それだけ多くのチームがなんらかの形で、メンタル面の強化をしているということです。興味深いことに、強いチームの指導者ほど、いち早く、うまく導入しています。

日本のスポーツ界におけるメンタルトレーニングは、高校スポーツ界を中心にさらなる普及と発展をしていくと考えられます。ただ、このニーズを背景に、自称専門家やビジネスを目的とした企業が現場に入り込み、高額な指導料を請求したり、スポーツ心理学の背景のないメンタルトレーニングを指導したりして現場を混乱させています。現場の指導者の方には「スポーツメンタルトレーニング指導士」という資格制度についてよく知っていただきたいと思います。資格保持者は、最低限度の研修やスポーツ心理学の背景（教育・研修）を持っていますから、指導を受けたいと考えた際には、この資格保有者に依頼してほしいと思います。

何よりも大切なことは、指導者がメンタルトレーニングについての正しい知識を身につけることだと考えます。

高校生のメンタルトレーニング

●中学時代より勝利へのこだわりが増す。困難を乗り越える強いメンタル面を鍛えよう。

●日本のメンタルトレーニングは高校スポーツを中心に展開している。

●高校スポーツの注目度が高く、勝利を求められている環境がある。正しい知識を身につけることが重要。

プログラム3 大学生のメンタルトレーニング

最も遅れている大学スポーツ界。選手からの声が状況を変える

大学生のあなたへ

自分たちで判断して活用しよう

　大学スポーツは、日本で最もメンタル面強化が遅れている年代かもしれません。

　本来ならば、指導者が選手のメンタル面まで考慮して、選手の能力を伸ばし、試合で勝つ可能性を高めてほしいと思います。

　ただ、現状として難しいのであれば、自ら声を上げ、メンタルトレーニングに積極的に取り組んでほしいものです。高校時代までは、指導者がさまざまなトレーニング環境や練習プログラムを用意してくれたかもしれませんが、大学生ともなれば、自たちで学び、導入できるはずです。そして、指導者を説得したり、理解を求めてチーム

としての導入にこぎつけることにチャレンジしてほしいと思います。

また、専門家や指導的立場の人からのコーチングを求めたい場合は、「メンタルトレーニング指導士」という資格保有者による指導を受けるとよいでしょう。

全国各地で講習会も定期的に開いています。そこには、多くの人たちが参加し、情報交換をしています。ぜひ参加してみてください。

大学スポーツ界の現状

少しずつだが導入者は増えている

大学スポーツ界でメンタルトレーニングの導入が遅れている理由の1つに、依然としてメンタル面を個人の問題として片づけている現状があるからだと考えられます。

メンタル面が弱いという反省があっても、それをチームとして強化する、という発想にはたどりつかず、「自分でやれ」「素質がない」ということになってしまう場合が多いようです。

背景には、大学の指導者には、現役時代にオリンピックなどの国際舞台や全日本、国体、インカレ等で活躍したトップ選手が多いことが関係していると考えられます。自身の経験に自信があるので、それが指導に直結し、新しいコーチング技術を導入する方があまり多くないのかもしれません。

とはいえ、メンタルトレーニングを導入して成果を挙げているチームもいくつかあります。2017年、大学生の選抜チームでもあるサッカーユニバーシアード日本代表が3大会ぶりに優勝し、世界一になりました。このチームは、2年間、私がメンタルトレーニングコーチとしてサポートしました。

年に何回かある合宿では、講習会、朝の散歩、練習前・試合前のリラクセーションやサイキングアップ、練習・試合後の心理的クーリングダウン、個人的サポートなどを実施。台湾で開催された本大会でも、朝の散歩（セルフコンディショニング）や試合前のリラクセーションとサイキングアップの実技を継続して行いました。

1995年から2018年までの間に5回ほど優勝していますが、その時にはメンタルトレーニングコーチを帯同させています。

いまは少数派ですが少しずつ、大学スポーツでもメンタルトレーニングが理解されていくことを願っています。

大学生のメンタルトレーニング

● チームで導入できない場合、個人で積極的に取り入れる。
● 大学スポーツ界でメンタルトレーニングを実践しているチームは少ないのが現状。

プログラム4 実業団・プロアスリート

チームで導入はまだ少数。自ら行動して始めるのが早道

実業団・プロアスリート界の現状
ルールを守って正しく導入しよう

　チームは、メンタルトレーニング指導の専門家を雇うことが増えています。しかし、日本ではまだそのような環境は整っていないという現状があります。

　ここでも、大学スポーツ界と同様、メンタル面強化は、「選手が自分でやるもの」という考えがあるようです。

　実業団やプロのレベルでは、専門家に講習をしてもらったり、1年契約をしたりするケースがあります。残念ながらスポーツ心理学の背景のない自称専門家や、ビジネスとして「メンタルトレーニング」という言葉を使う企業が、講習をしたり、契約を結んでいる状況を耳にします。

　このようなことは、1980年代に、メンタルトレーニングの先進国であるアメリカなどでも同じことが起こり、対応策として資格制度が整備された背景があります。

　一方で、メンタルトレーニングを正しく導入し、成果を上げている選手やチームはたくさんあります。メンタルトレーニングには「守秘義務」というものがありますから、指導している選手やチームの名前は公表しません。逆に考えると、資格を持った本当の専門家はこのルールを守りますから、どの選手・チームを指導したと公言する場合は、資格保有者ではないということです。

　このような現状がありますが、最近では多くのプロ・実業団のチームや選手が導入しています。また高校や大学でメンタルトレーニングを行った選手が、卒業後、各競技で活躍しています。

　たとえば、95年ユニバーシアードサッカー日本代表の選手たちのなかには、大学卒業後にJリーガーとなり、日本代表として活躍している選手がいます。また高校野球でメンタルトレーニングを体験した選手の多くが、プロ野球選手として活躍しています。

実業団の実例
メンタル面の強化で成果を上げた

　ここでは、2つの実業団野球部のメンタルトレーニングの成果を紹介します。

　1つ目のチームは、都市対抗や社会人全日本などの大会に出場していましたが、18年間優勝したことがありませんでした。ある年には、4人がプロ野球に引き抜かれてしまい、監督も交代しました。これだけの選手たちがいても勝てないのは、技術や体力だけではなく、心（メンタル面）の変化が必要なのではと考え、メンタルトレーニングを導入しました。

　すると延長14回で逆転し、18年ぶりの都市対抗優勝を果たしたのです。次に開

催された社会人全日本では、11回の逆転勝ちで、社会人野球歴代3チーム目の夏秋の2大会優勝を成し遂げ、翌年も準優勝という成果をあげました。

メンタルトレーニングだけの成果ではないと考えますが、毎日の練習や試合前のリラクセーションやサイキングアップ、チームルーティーンや心理的スキルの活用を継続していました。

さらに、3冊の教科書とワークブックをチーム全員が書き上げてメンタル面を強化したという背景があります。

また別の実業団野球部は、全国大会に何年も出場していませんでしたが、メンタルトレーニングを導入するといきなり、社会人全日本で準優勝しました。全国大会でベスト4以上に勝ち進んだのは12年ぶりということでした。メンタルトレーニングを継続し、試合には学生メンタルトレーニングコーチが帯同し、チームの気持ちを高めるサポートも行いました。

このように実業団レベルでもメンタルトレーニングをコツコツと積み上げてメンタル面を強化したチームが素晴らしい成果を上げています。毎日の技術面強化、体力面強化、それに加えてメンタル面強化をしたことで、心・技・体のバランスが取れたのです。すぐに効果の出る魔法はなく、コツコツとトレーニングを積み上げた成果なのだと考えます。

自ら学び取り入れよう

プロのメンタルトレーニングについては、野球、サッカー、フットサル、ボクシング、ゴルフ、相撲などの選手やチームに少しずつ広がっていますが、専属のメンタルトレーニングコーチというポジションはありません。ただ、北米など、現在の世界のプロの状況から見ると、10年から20年後には、間違いなく世界に近づくと考えられます。

もし、あなたがメンタルトレーニングを導入したいと考えたら、自ら行動して、学び、取り入れることです。私たちは、全国各地で研究会・講習会を行っています。詳しくは、144ページに情報を掲載していますので、ぜひ参加してみてください。

第4章 年代別で気をつけたいこと

実業団・プロアスリートのメンタルトレーニング

● チームとしての導入が難しい場合、個人契約などの道がある。メンタルトレーニングを自ら学ぶことが大切。
● 専門家の選択は慎重に。スポーツ心理学には守秘義務がある。個人情報を守る信頼できる専門家に依頼をする。

プログラム**5** 中高年のメンタルトレーニング

ゴルファーには高い関心も、本格導入はほとんどなし

健康を目的とした中高年のスポーツ界には、まったくといっていいほどメンタル面強化は普及していないように感じます。

ただ、競技スポーツをしている方のなかには、興味を持つ人もいるようです。また、ゴルフをする人は、ゴルフのメンタル面の難しさを感じるようで、興味をもたれますが、本格的に導入しているという人は少ないようです。

私は、NGFゴルフ財団のプロインストラクター養成講座の講師を20年以上務め、また最近は、日本体育協会コーチ研修会、プロテニス協会、プロスキー連盟、トレーニング指導者協会、水泳連盟などの指導者講習会等で話をして、受講された方々が中高年の人々に間接的に指導されていると聞いています。

中高年の場合は、競技スポーツではなく、健康維持やダイエットのためにスポーツをしているという人が多いと思います。これはメンタルトレーニングで言うと、外発的モチベーションにあたります。

スポーツをすることが「楽しい」「おもしろい」という気持ちに高められると、より質の高いスポーツライフになるでしょう。その気持ちこそ、心からのやる気である、内発的モチベーションとなります。

[メンタルトレーニングを学びたい人へ]

日本メンタルトレーニング
応用スポーツ心理学研究会
Japanese Society of Mental Training and
Applied Sport Psychology

この研究会は、全国各地でメンタルトレーニングについての研究・情報交換を行う会合です。

1991年の国際メンタルトレーニング学会で、筆者が学会の運営委員および日本代表委員に選ばれ、日本でのメンタルトレーニングの普及の命を受けたことと、1986年から始まった応用スポーツ心理学会の影響により1994年に大阪でスタートした研究会です。

現在は、全国に支部会ができて、それぞれ活動しています。

東海大学では、毎週月曜日19時半から行っています。その他は、基本的に毎月1回開催しています。

問い合わせ先は、下記をご覧ください。
Facebook:
【東海大学メンタルトレーニング・応用スポーツ心理学研究会】

本部・支部一覧
● 東海大学本部：東海大学
● 北海道支部会：
　　旭川工業高校・帯広農業高校・北海道情報高校など
● 栃木支部：作新学院大学
● 関東支部：青山学院大学
● 愛知支部：愛知学院大学
● 中京支部：不定期に開催
● 関西支部会：太成学院大学中学・高校

第5章
応用編

保護者と指導者のメンタルトレーニング

子どもがスポーツに取り組むかたわらで、保護者（親）や指導者はどのような行動をとり、関係を築けばよいのか。最近ではこのような質問をよく受けるようになりました。最終章では、保護者（親）と指導者のメンタル面についての考え方を紹介しましょう。

1 保護者(親)のメンタルトレーニング

1 かつてのアメリカと同様の現象

米国では、かつて自分の子どもをプロ選手にしたいという親が、子どもだけでなくコーチの邪魔をして足を引っ張っていることが話題となった時期がありました。

今、日本でも同じことが問題となってきています。そこで、私たちは保護者（親）のメンタルトレーニングというプログラムを作成しました。以下の3つに分けて作っています。

❶親が子どもに対して、やっていいこと・やってはいけないこと
❷親がコーチに対して、やっていいこと・やってはいけないこと
❸親同士が、やっていいこと・やってはいけないこと

つまり、選手（子ども）、コーチ、親の3者のチームワーク（協力関係）を強くすることが、子どもたちの成長に貢献するという考え方です。

2 あなたはモンスターペアレント

あなたは、常識ある親の行動をとっていますか？

最近では、親が常識外れの行動をして「モンスターペアレント（怪獣のような親）」と言われたりしています。

まさか自分は……と思っている方もいるかもしれませんが、たとえば、こんなことはしていませんか？

・練習や試合中に大声で指導やアドバイス（指示）を出したり、子どもを怒ったりしていませんか？
・自分の子どもだからいいだろうと、自分の子どもだけに声をかけて、コーチの指導や指示の邪魔をしていませんか？
・子どもがコーチの言うことを聞いていいのか、それとも親の言うことを聞いたほうがいいのか迷うような紛らわしい行動をとっていませんか？
・自分の子どもをなぜレギュラーにしないのかといったことをコーチに聞いたり、詰め寄っていたりしていませんか？
・子どもの前でコーチの悪口を平気で言っていませんか？
・最悪の場合は、コーチをやめさせる相談やたくらみをしていませんか？

・自分の気に入らないことをコーチのみならず、その上司にあたる管理者に告げたりしていませんか？

　親が自分の子ども（選手）に対して熱心なあまり、親の役割ではないことをして、選手だけでなくコーチ（指導者）やチームの運営まで邪魔をするケースがあることを理解してください。親が指導者にやってはいけないことと、やっていいことを下欄にまとめましたので、ぜひ参考にしてください。

親がコーチにやってはいけないこと

❶練習や試合中に、指導者の邪魔や干渉をすること（大声で指導する、アドバイス・指示など）

❷練習や試合中に、自分の子どもを呼びつけてアドバイスすること

❸技術や戦術等の指示をすること

❹コーチに対して、自分の子どもの売り込みをすること（なぜ自分の子どもをレギュラーにしないのかなどの個人的な要求）

❺ボランティア活動（試合の送迎や応援などのサポート）の見返りに自分の子どもを試合で起用してほしいと頼むこと

❻コーチの迷惑を顧みず、個人的に飲食に誘うこと

❼飲食中に熱くなり、コーチのコーチングに対して意見や自分の希望を押しつけること

❽コーチの迷惑を顧みず、電話やメールで自分の子どもの売り込むこと

親がコーチとともにやっていいこと

❶シーズン前のミーティング
　選手・コーチ・保護者の3者が1年間の活動について共通理解を持つ。目的・方針・トレーニング方法・指導方法・スケジュール・サポート内容などをみんなで確認する

❷保護者（親）同士のミーティング
　何をすべきか、何をすべきでないかのルール（ガイドライン）を確認しておくこと。
　試合の結果についての親の認識を確認しておく。結果に「一喜一憂」しないで、子どもやチームに対して、何をすべきかの認識を話し合っておく

❸親の役割について、文章にしたり、紙に書いたりして約束事としておくこと

❹定期的にミーティングなどを行い、親同士の協力体制を維持すること

❺親もメンタルトレーニングの講習会を受けるなどして、指導者や子どもと一緒になり、メンタル面の強化に協力すること

第5章　保護者と指導者のメンタルトレーニング

3 親同士でやっていいこと・悪いこと

子どもがせっかくスポーツ活動に一生懸命取り組んでいるのに、親同士の人間関係が損なわれては、子どもの足を引っ張ってしまいます。

マイナス思考になると、ネガティブな発言や他人のせいにする行動が目立ち始めます。親が子どものチーム内でこのようなことをしないようにしたいものです。

親はあくまでも親であり、コーチではありません。そのことを十分にわきまえましょう。

子どもやコーチは、目的を持って日々の練習に励み、試合に臨んでいるということを理解してください。そこに保護者が入り込み、思うがままに発言したり、指示を出したりすることは言語道断です。ましてや、親の人間関係で子どもを悩ませるようなことがあっては本末転倒です。

保護者は、子どもがのびのびとスポーツに取り組めるように見守ることが最も大切なことです。

親の役割は、いつもプラス思考で子どもの生活を支えることです。試合に全力で臨み、疲れて帰ってきた子どもを勝敗に関係なくあたたかく迎えることが、親に求められる姿勢であることを忘れないでください。これこそ、コーチではできない大切な役割なのです。

親同士でしていいこと
❶ 親同士のよい人間関係を作ること。
❷ 協力関係・チームワークを作ること。
❸ 子どものための情報交換をすること。

親同士でしてはいけないこと
❶ 親に敵を作ること。
❷ 親同士で敵対グループを作ったり、文句を言い合うこと。
❸ 親同士で、コーチの文句や不平を言い合うこと。
❹ 親が共謀して、コーチを変えたり、やめさせたりする裏工作すること。
❺ ほかのチームとの比較などをすること。

≪2 指導者のメンタルトレーニング

1 指導者とは？

指導者は、英語で言えば「teacher」（教える人）であり、コーチは「coach」（サポートする人・お手伝いする人）と考えられます。日本では、ほとんどの人が指導者であり、コーチとしてコーチングをしている人を現場で見かけることがとても少ないように感じます。

コーチの語源は、馬車に乗ったお客さんを目的地まで連れていく人という意味からきており、コーチングとは、客を目的地まで連れていくことをいいます。

これをスポーツに置き換えると、客は選手ということになり、コーチは日本語でいう「サポートする人・お手伝いする人」にあたることになります。

客は目的地を自分で決めています。コーチが決めるわけではありません。あくまでもコーチは、馬車という道具を使って客の行きたいところへ連れていくお手伝いをする人のことです。

この意味を知ると、日本語の「指導者」といういい方はあまりそぐわないように思えます。日本における「指導者」は教える、という意味合いが強いからです。

コーチとは、教える人ではなく、サポート（お手伝い）する人といったほうが自然に聞こえませんか？　つまり、コーチングは、選手を目的に対して導くことであり、

サポートすることだと考えたほうが自然なのです。

2 サポートが役割

そこで、指導者が実践するメンタルトレーニングとは、以下の2つの意味で考えることにします。

❶選手を心理面でサポートすること
❷メンタル面強化の手伝いをすること

もし、コーチが「俺が教えてやっているんだ！」という気持ちを持てば、「コラー！　何をやってんだ！　バカヤロー！」というような、乱暴な口調（指導）になるでしょう。しかし、コーチが選手をサポートしている気持ちがあれば、「よーし！　いいぞ！　その調子だ！　頑張れ！」といったような言葉が出てくるはずです。

そういうところに、指導者の基本的な考え方は表れるのです。

ですから、指導者の方には、ステップ17で紹介している「コミュニケーション」のスキル（58ページ）をしっかりと身につけてほしいと思います。

具体的にいえば、コーチがプラス思考で、コミュニケーションスキルを使い、選手の内発的なモチベーションを高める言葉や声がけをすることです。

また、コーチが心理的スキルを知識として理解していれば、「もっと具体的なイメー

ジを使ってプレーしてごらん！」「ここで集中力を高めるルーティーンをやってごらん！」「リラクセーションとサイキングアップで気持ちを切り替えよう！」などのコーチングが可能になると思います。いかがですか？

3 学校教育の場での考え方

メンタルトレーニングには、スポーツだけでなく、教育、ビジネス、健康、パフォーミングアーツ（医学・芸能関係）などの分野もあります。

学校教育で考えるとわかりやすいでしょう。スポーツで勝つことが、教育では受験で志望校に合格する（成功する）こと、スポーツでうまくなることを教育では「学力が向上する」などといったように置き換えられます。

26ページでも紹介した通り、さまざまな教科を、スポーツと関連を持たせて解説できます。

算数や数学は、イメージトレーニングです。「2×2＝4」「2×3＝6」は頭の中に容易にイメージできますね？　これはイメージとしてその数式を記憶しているからできることです。九九（かけ算）はイメージトレーニングそのものなのです。

さらに将来、メジャーリーグや、NBA（プロバスケットボール）、オリンピックで活躍したいと夢を持てば、英語の授業は夢を達成するための大切な時間となるはずです。イチロー選手が活躍したシアトルは、西岸海洋性気候で、特産物は……などと地理の授業が未来への準備となると考えれば、学校の授業がトレーニングになるのです。加えて、知的トレーニングとしていろいろな情報を得るための大切なトレーニ

ングにもなりうります。

一流選手ほど、「スポーツ・学校・家庭」のバランスを考えて行動しますし、このバランスこそが選手を育てる重要な基礎になります。

4 地域のクラブでの考え方

最近では、学校のクラブだけでなく、地域にあるスポーツクラブなどで活動している人も多いはずです。そこには、プロのコーチがいたり、ボランティアで指導してくれるコーチもいます。ここでも多くの出会いがあり、コミュニケーションが重要です。

チームには、いろいろな学校から集まった子ども（選手）がいて、また実力の違いもあったり、教育よりも試合の勝ち負けや上達が優先されたりすることもあるでしょう。こんなときこそ、プラス思考が重要になり、チームワークを高めるコミュニケーションが必要です。

また、部活動と違って、練習が1週間に1度しかないようなケースもあります。そういう場合は、普段の生活でイメージトレーニングをすることも重要になってくるでしょう。やる気を維持することも大変になってきますから、モチベーションを高める・スポーツを継続する気持ちを持続するために目標設定やプラン作成などが重要になります。

5 指導者講習・研修

近年、都道府県や市町村の体育協会・教育委員会・競技団体などが主催する指導者講習会が多数開催されています。もしあなたが学校関係の指導者ならば、このような講習会への参加をおすすめします。

また、最近では地域のボランティアコーチに対する講習会も多く開催されています。ぜひ、このような講習会等に積極的に参加されてはいかがでしょうか？　これは、指導者の資質向上だけでなく、現代スポーツの流れに乗り遅れないためにも必要な努力だと思います。

「コーチが学ぶことをやめたときは、引退するときだ」とよく言われます。あなたには自分の経験だけで指導するコーチになってほしくないと思います。現代の情報化時代では、スポーツも、そのトレーニング方法も、毎年進化しています。自分の現役時代と同じ方法で指導するとしたら、子どもたちがかわいそうだと私は思います。

今は、スポーツ科学の時代です。科学は、トレーニングの効果やよりよい成長を手助けするものです。

子どもたちと一緒に新しいことを学ぶことも楽しいものです。コーチのそういう姿勢を見て、子どもたちも挑戦する気持ちを強くするはずです。ぜひチャレンジする子どもを育ててほしいと思います。

メンタルトレーニング実践例 1
サッカーにおける 心理的サポートの効果的なプログラム

　私の心理的サポートの原点となったサッカーの実践例を紹介しましょう。
　ユニバーシアード日本代表の2チーム、大学サッカー関東選抜チーム、大学サッカー部（2校）の4チーム、高校サッカー部の7チームに、心理的サポートをしていたことがあります。
　各チームに、ほぼ同じメンタルトレーニングのプログラムを紹介し、同様の心理サポートを行いました。
　ユニバーシアードでは金メダル2回、関東選抜は全国優勝、大学は全国優勝や準優勝、高校はインターハイ優勝やベスト4という結果を残しました。これにより、私はある程度の高い確率で効果が期待できるプログラムを確立することができたと考えています。そのプログラムをダイジェストで紹介します。

❶ 指導者の合意を得る
　まず、メンタルトレーニングを依頼されたら、指導者と話し合いを持ちます。
1. 教科書・プログラム・手順の紹介
2. 時間について
3. 指導者の協力の約束とその内容
　このような話し合いを必ず行います。ここで合意（契約）ができたら、メンタルトレーニングを始めるわけです。
❷ スポーツ心理テストを行う
　全体平均、レギュラーと非レギュラー別、学年別の平均など、選手やチームの分析をします。
❸ チームや選手の練習や試合を見る
　チームの競技レベル、練習や試合の雰囲気、指導者の指導法、実力発揮の程度などを観察します。
　可能ならば、選手にインタビューしたり、練習や試合を指導者に解説してもらいます。チームの長所や短所を教えてもらうことも、このあとの指導やサポートの大きな情報となります。
❹ 講習会を開く
　ミーティングのように集まってもらい、メンタルトレーニングの紹介します。
　過去の成功例、実技体験、具体的なメンタル面強化方法などを紹介します。
　時間は、1日（8時間）または2日（16時間）ほどかけるのが理想的です。しかし、時間が取れないときでも最低4時間はほしいとお願いします。
　ユニバーシアード日本代表や関東選抜な

どのチームには、1週間の強化合宿の中で、毎夜に1～2時間の講習の時間をもらって実施しました。

ある大学のチームは2日間で16時間の講習をし、もう1つの大学のチームには、毎週90分の講習時間をもらいました。

この講習会では、講習会の前に実施したスポーツ心理テストの分析結果をフィードバックし、個人やチームのメンタル面の状況や長所・短所を理解してもらいます。

さらに、選手個人やチームがどんなトレーニングをすればいいのかを具体的に紹介します。

❺やる気の確認

講習会では、知識や方法などの紹介はもちろんのこと、メンタルトレーニングをやってみたい、これをやれば上達できる、試合で勝てる可能性が高まるに違いないというやる気（内発的なモチベーション）を選手に持ってもらうという目的があります。

これができないとメンタルトレーニングを行うのは、指導者に「やらされている」という外発的な要因によるものとなってしまいます。

今まで多くの指導者が失敗したケースのほとんどがこの問題です。指導者からの紹介となるために、どうしても「やらされる」という印象になってしまうのです。私は最初の講習は専門家に依頼したほうが効果的と考えていますが、それはこのような理由からです。

❻何人かの選手に興味を持ってもらう

講習会の終了後、高い関心を示してくれた選手の中から学生メンタルトレーニングコーチを選びます。彼・彼女にチームを引っ張ってもらうのです。

本来なら、専門家が毎日の練習に帯同するのがベストですが、ほとんどのチームが不可能に近いのが現状です。そこで、専門家のアドバイスをもらいながら、自分たちでやるという方法を確立するのです。

❼心理的サポートスタート

❻までの段階を経て、初めてチームに対して指導やサポートを始めます。

メンタルトレーニングコーチ、または学生メンタルトレーニングコーチは、基本的に1番最初に練習場（グラウンド、体育館、プールなど）に到着するようにします。

音楽をかけて選手が来るのを待ちます。この音楽は、選手のやる気が出る、気持ちが乗るような、練習がしたくなるような曲を選びます。

選手が来るたび、元気な声で「こんにちわー！」「調子はどう？」と声をかけます。この会話から、選手の心理状態をチェックし、話の中から練習に対して「プラス思考」か「マイナス思考」かを判断し、その後の会話の内容を変えて、練習前のよい心理状態（プラス思考）にする努力をします。具体的には、ただの雑談ですが、楽しくなる

第5章　保護者と指導者のメンタルトレーニング

ような会話にしていきます。

❽練習前の雰囲気作り

練習場に出て、選手が自分から身体を動かしたり、練習を始める準備をするのであればいいのですが、ぼーっと練習開始を待っている選手には、なんとか自ら練習の準備を始めるように声をかけたり、ボールリフティングをしたり、「教えて」と声をかけるなどの行動をとる。

❾練習開始：
監督の話はポジティブな言葉で

練習開始前の監督の会話については、できるだけポジティブな内容にしてもらうよう伝えておきます。監督は、この日の目標や、選手が「よーし、やるぞ！」というような気持ちになるような言葉をかけます。

❿心理的ウォーミングアップ：
20〜30分間

20〜30分間をもらい、リラクセーション、サイキングアップを行います。

本書で紹介したプログラム通りに行います。心身をリラックスさせて集中力を高めます。サイキングアップでは気持ちを乗せるためにメンタルトレーニングコーチが、誰よりも大きな声を出して、選手の気持ちを乗せていくことが重要です。

⓫身体的ウォーミングアップ

ここからは、トレーニングコーチ（サッカーの場合、フィジカルコーチ）の役割で、体操やダッシュ系の身体的ウォーミン

グアップをしていきます。

このときのメンタルトレーニングコーチの役割は、身体的ウォーミングアップに合う音楽を選択し、流すことです。音楽は、ボリュームが大きいほうが理想です。音楽と音量については、監督やトレーニングコーチの許可をもらいます。

このように選手とできるだけ一緒に行動し、ともに声を出していきます。

⓬練習中：音楽をかける

ここからは、監督やコーチなどの技術系指導者の役割になりますが、許可をもらいボールを使う練習でも音楽を使い、気持ちを乗せるような声がけなども行います。

⓭休憩時

水を飲む選手に水を渡したり、そのときに声をかけたりして、コミュニケーションをとります（例：「さっきのシュートよかったね！」「調子はどう？」など声をかけて、会話のきっかけにします）。

⓮練習終了後、心理的クーリングダウン：
3〜5分間

練習が終わり、身体的クーリングダウンを行ったあと、3〜5分間をもらい、心理的クーリングダウンのプログラムを実施します。

⓯練習場を最後に出る

クーリングダウン後、最後の1人がグラウンド（練習場）から引きあげるまで残り、できるだけ多くの選手に声をかけたり、会

話をします。

　これで、1日の練習での心理的サポートは終了です。合宿中や寮生活の場合はここからも続きます。

合宿中や寮生活の場合

⓰食事や風呂のときに会話する
　合宿中や寮生活であれば、食事や風呂の時間はコミュニケーションをとるチャンスとなります。

⓱食後のコミュニケーション
　食後の自由時間や、またトレーナールームでマッサージを待っている選手などとのコミュニケーションもとるようにします。海外遠征などの場合は、選手がやる気になる内容のマンガや本を持参します。10冊くらい持ち込みたいものです。マンガを活用したモチベーションの高め方なども工夫します。

⓲練習日誌にポジティブなコメント
　チームによっては、集めた練習日誌を読んで、ポジティブなコメントを書きます。

⓳個別面談
　雑談形式で個別に面談したり、メールや電話でのコミュニケーションをとります。

⓴朝
　選手が起床する1時間前には起きて、散歩の場所やコースを確認（天気・温度・風・散歩道のコンディション、木陰探しなど）

し、集まってくる選手を待ちます。ここでも選手に気持ちよくあいさつをし、気持ちのチェックやマイナス思考の選手をプラス思考にする努力をします。

　このとき、個々の表情や態度を観察し、どのような特徴があるのか確認しておきます。

練習では緊張し、試合ではリラックスを目指す

　毎日の練習や合宿でのプログラムとメンタルトレーニングコーチがやることを紹介しました。

　試合当日も、ほぼ同じプログラムでサポート活動をしていきます。できる限り、練習と試合時のウォーミングアップや試合前の行動は、同じ内容にすることをチームにお願いしておきます。

　そして、「試合の日は、練習のときのようにリラックスして、練習のときは、試合のときのような緊張感を持ち、集中する」という、一見すると矛盾するようなことを目指します。

メンタルトレーニング実践例 **2** 番外編

お笑いタレントにかけたサイキアウト

2008 年の春に、あるテレビ番組の収録に協力しました。番組内容は、お笑いタレントの2人が、大学などに勤務する研究者のもとを訪ね、その専門分野について質問をぶつけ、語り合うというものです。

2人は私の勤務する東海大学へ来て、「スポーツ心理学（メンタルトレーニング）」についていろいろな質問をしてくれました。

この2人の質問はとても鋭く、過去の番組を見ていると学者のみなさんが、たじたじになっている例がいくつもありました。私はそれを見て、彼らのペースに巻き込まれると「まずい！」と感じました。そこで、次のような心理的準備をして、サイキアウトをかけることにしたのです。

メンタルトレーニング実践例の番外編として、撮影の流れに従ってかけていったサイキアウトを紹介しましょう。

❶まず、当日の内容を明かさないようにお願いしておきました

ディレクターの方にあらかじめ、当日何をするのか2人に話さないでほしいとお願いしておきました。これは、彼らに「不安」を持たせる手法です。

❷当日は、到着したらこちらで用意した「ジャージ」に着替えてもらいました

これは、「今日は何かやらされるぞ！」という「不安」や「心配」をさせる手法です。

❸最初のあいさつは英語にしました

彼らが取材場所である、トレーニング場に入ってきたら、彼らの1人（以下、Aさんとします）が「高妻先生〜！」と私を見つけてくれました。私はそこですかさず英語で「Good morning. How are you? My name is Yoichi Kozuma. Nice to meet you.」と切り出したのです。

これでAさんはうまくサイキアウトにかかり、「え！　なに、なに？」と驚いてくれました。

ところが、もう1人（以下、Bさん）は、機転を利かせ中国語のようなイントネーションの意味不明の言葉で返してきました。さすがですね！

❹そこで、私はあらかじめ調べておいたBさんの持ちネタをしてみました

Bさんはこれでどう感じられたかはわかりませんが、さらにあいさつのときのような意味不明の言葉で話しかけてこられました。ここで、サイキアウトは大成功かな？と思いました。というのも、この後、Bさんは「体育会みたいで、いやだなー！」と言ったからです。この発言は、こちらのペースで進めている、ということですね。

❺いつもの番組であれば、椅子に座って話を始めるところですが、いきなり実技に入りました

ここでリラクセーションとサイキングアップを体験してもらいました。

サイキングアップでは、乗りのいい学生

を待機させておき、デモンストレーションをしてもらいました。その学生の乗りがあまりにもいいものですから、彼らもプロとして乗らなければ、と考えたと思います。2人はかなり無理をして、必死にサイキングアップの実技をやってくれました。そのために体力的にかなり疲れたようです。

　人間は疲れると「弱気」になる傾向があります。これもサイキアウトのテクニックです。

❻**彼らがお笑いタレントであること、そして公共放送ということを意識して、私はギャグを連発しました**

　もちろん、ほとんどのギャグはカットされました。カットされることは承知です。彼らより精神的に優位に立とうと考え、あえて発言することで相手を驚かせ、こちらのペースに持ち込んだのです。

　このようにして私は、2人を事前に準備していたパッケージ化（組み合わせた・プログラム化）したサイキアウトにかけました。この試みは大成功でした。Bさんがなんとかかき混ぜようとして、さまざまな角度から鋭い突っ込みをしようとするのですが、かなりこちらのペースで進んでいったと思います。

　一方で、私は短い時間ながら、メンタルトレーニングのおもしろさや意外性などをできる範囲で紹介できたと思います。

　このように自分のリズムやペースで物事が進められるということは、自分自身の実力発揮につながるのです。

　あなたもこのサイキアウトをうまく利用してみませんか？

　簡単にできるのが、「相手より声を出す」「全力疾走をする」「こちらから大きな声であいさつする」「相手をにらむ」などです。

　相手よりも相手を研究し、準備をすることです。そうして、「気合いが入っているな」「元気がいいな！」「やばいな！」などと考えさせられれば、ほぼサイキアウト成功！心理的優位に立っていることになります。

おわりに

　すばらしい本ができました。この基礎から学ぶシリーズでは、多くの分野の専門家が専門的な知識やトレーニングの方法をわかりやすく解説しています。この本もメンタルトレーニングの現場での実践を目的として、基礎的な知識から応用さらに実践までをわかりやすく解説しています。特に、多くの図やイラストを使い読むだけでなく、目で見ても楽しめる内容です。メンタルトレーニングの基本は、この「楽しむ」という言葉で代表されるような「ポジティブ心理学」であり、パフォーマンスを向上させるための「パフォーマンス心理学」という分野です。あなたがメンタルトレーニ

ングだけでなく、全てのトレーニング、または勉強や生活を含む全てを「ポジティブ（プラス方向）」に考えられるようになれば、全ての歯車がいい方向に回転すると思います。

　ベースボールマガジン社からは、この本に関わる多くの文献や DVD が出版されています。そのいくつかを紹介しますので、参考にしていただければさいわいです。

● 「新版 今すぐ使えるメンタルトレーニング：選手用」
● 「新版 今すぐ使えるメンタルトレーニング：コーチ用」

● 「野球選手のメンタルトレーニング」
● 「バスケットボール選手のメンタルトレーニング」
● 「プロ野球選手になりたい人のためのメンタルトレーニングワークブック」
● 「DVD: 高妻容一の実践メンタルトレーニング : 初級・中級・応用編」
● 「イラスト版 やさしく学べるメンタルトレーニング : 入門者用」

　最後に、この本をスポーツに関わる人全てがうまく利用・活用して欲しいと思います。そして、スポーツから学んだメンタル面の強化方法を生活や人生に活用して欲し

いと思います。
　また、この本の作成に多大な協力をいただいた皆さん、またベースボールマガジン社の関係各位に感謝をいたします。

高妻容一

INDEX
さくいん

あ行

あいさつ	18
アイファイティング	125
あくび	52.98.128
アティチュードトレーニング	88
イップス（パフォーマンス恐怖症）	53
イマージュリー	62
イメージ	21.42.43.124
イメージトレーニング	31.48.62.65.69
	86.106.110.112.124.129.131.150
イメージトレーニング練習法	112
インターナル	117
映像	113.124.132
エクスターナル	117
思い込み	43
音楽	42.93.106

か行

外在的・外因的動機づけ	23
外的な集中	117.118
外発的なやる気	36
外発的モチベーション	70.144
火事場の馬鹿力	46.108
勝つためのプラン作り	61
キャリアトランジション	38
緊張	46.100.108
グループダイナミクス	59
結果目標	36.38.70.72

月間目標ほか

月間目標	36.39.70.81
原点	22
呼吸法	41.42.91.99.116.124
国際メンタルトレーニング学会	24
コミュニケーション	31.58.65
	126.150.151.155
コミュニケーションスキル	126.150
コンセントレーション	118
コントロール	93.121

さ行

サイキアウト	31.57.65.125.156
サイキングアップ	31.45.46.65.107.129
	131.132.150.154.157
試合中の心理状態診断検査	67
試合前の心理状態診断検査	67
自己調整	128
自己分析	30.32.64.66.131
自己分析用紙	113
姿勢や態度のトレーニング	88
シミュレーション	48.49
シミュレーショントレーニング	39
週間目標	36.39.70.83
集中力	31.43.46.50.65.92
	94.117.120.131.150
守秘義務	142
消去動作	96.106
条件づけ	42.93
条件反射	42

初心	22
自律訓練法	96.106
心技体	14
深呼吸	129
身体的ウォーミングアップ	93.107 129.131.133
身体的クーリングダウン	94.129.148
心拍数	43.99
心拍数や脈拍の確認	40.89
心理的ウォーミングアップ	45.49.93 107.131.133
心理的競技能力診断検査	66
心理的サポート	33.152
心理的スキル	30.33.41.44.107 120.128.130.136.150
心理的クーリングダウン	94.129.154
心理的準備	94.109.129
心理的スキルトレーニング	30
心理的優位	52.57.65.125.157
ストレッチ	100.129.129
スポーツ人生物語	36.38.70.79
スポーツ心理学	14.24.108
スポーツ心理テスト	30.32.64.66.152
スマイル	98.103.104.106.116
スランプ	22
成功イメージ	49.108
狭い集中	117
セルフコンディショニング	31.49.60 65.128.129.131
セルフコントロール	31.40.64.88

セルフトーク	31.33.51.56.65 120.123.124.126.131
セルフマッサージ	52.96.98.129
漸進的筋弛緩法	52.96.102.104.125
ゾーン	44.46.67.108

た行

チームコヒィジョン	59
チームルーティーン	49.60.107.126
チームワーク	58.140
知的トレーニング	36.68.150

な行

内在的・内因的動機づけ	23
内的な集中	117.118.119
内発的なモチベーション	70.150.153
内発的なやる気	36
日本スポーツ心理学会	33
日本メンタルトレーニング 応用スポーツ心理学研究会	24.144
年間目標	36.39.70.81

は行

パートナーワーク	97
パターン	60
発想転換法	26
パフォーマンスルーティーン	50.116

INDEX

さくいん

パフォーミングアーツ	150
パブロフの犬	42
ビジュアライゼーション	62
広い集中	117.118.119
フォーカス	117.118
フォーカルポイント	51.116.120
プラス思考	18.44.46.53.69.88.89.108
	121.123.126.131.148.150.153
プランチェック	131
プレッシャー	44.53.121
フロー	46.108
プロセス目標	36.38.70.76.78
平常心	40.41
ヘッズアップ	40.52.88.97.120
ポジティブ	56.126.155
ポジティブシンキング	31.53.65.121

ま行

マイナス思考	54.70.121.124.148.153
毎日の目標	36.39.70.83
マインドフルネストレーニング	93.106
脈拍	99
メディテーション	93.106
メンタルスキルトレーニング	30.142
メンタルトレーニング指導士	24.139.140
メンタルトレーニング指導士・上級指導士	33
目標設定	30.36.38.64.70.73.78.129.131
モチベーション	36.69.133.151
モンスターペアレント	146

や行

やる気	23.36.53.70.85.153
優先順位	130

ら行

リズム	43.50.95.125
理想的な心理状態	31.46.65.67.108
リフレッシュ	43.93.94
リラクセーション	31.44.46.65.93.94
	107.120.128.129.131.132.150.154.157
リラックス	44.46.52.91.95
	100.108.111.154.155
練習日誌	36.39.49.70.78.85.111.113.155

わ行

ワークシート	67

参考文献 順不同

- ハーベイ・A・ドルフマン他 白石豊訳(1994) 野球のメンタルトレーニング 大修館書店
- ロバート・M・ナイデファー他 加藤孝義訳(1995) 集中力:テストとトレーニング 河出書房新社
- ジム・レーヤー:小林信也訳(1987) メンタルタフネス:勝つためのスポーツ科学 TBS ブリタニカ
- ジム・レーヤー他:小林信也訳(1988) 実践・メンタルタフネス:心身調和の深呼吸法 TBS ブリタニカ
- ジム・レーヤー:スキャン・コミュニケーションズ監訳(1995) メンタル・タフネス:人生の危機管理 TBS ブリタニカ
- ジム・レーヤー:スキャン・コミュニケーションズ監訳(1997) スポーツマンのためのメンタルタフネス TBS ブリタニカ
- ジム・レアー(1987) 勝つためのメンタルトレーニング スキージャーナル
- R・ナイデファー他:藤田厚他訳(1988) テニス・メンタル必勝法 大修館書店
- ボブ・ロテラ:菊谷匡祐訳(1996) 私が変わればゴルフが変わる 飛鳥新社
- 田口耕二(1997) メンタル野球への挑戦 ベースボール・マガジン社
- 高橋安幸他(2001) イチロー取材ノート IN JAPAN 白夜書房
- ハラルド・ポルスター:綿引勝美訳(1999) リスクトレーニング ブックハウス・エイチディ
- バド・ウィンター:荒井貞光訳(1986) リラックス:プレッシャーへの挑戦 ベースボール・マガジン社
- 白石豊(1992) まんがスポーツ上達の基礎理論 自由現代社
- 深見悦治(2000) 野球が突然、うまくなる 成美堂出版
- 立花龍司(2002) メジャー初コーチの「ポジティブコーチング」講談社
- ウォーレン・クロマティ他:松井みどり訳(1991) さらばサムライ野球 講談社
- ラニー・バッシャム他(1995) メンタル・マネージメント:勝つことの秘訣 メンタル・マネージメント・インスティテュート
- ロバート・S・ワインバーグ:海野孝他訳(1992) テニスのメンタルトレーニング 大修館書店
- ジョン・セイヤー他:池田綾子他訳(1992) 勝つための思考法:どうすれば強い心を持てるか 東急エージェンシー
- シェーン・マーフィー:廣淵升彦訳(1997) アチーブメント・ゾーン:未来を切り開く心理学 文藝春秋
- ミッシェル・イエシス:古市英訳(1990) ソビエト・スポーツの強さの秘訣 ベースボール・マガジン社
- ジェラール・ウリエ他:小野剛他訳(2000) フランスサッカーのプロフェッショナルコーチング 大修館書店
- 高妻容一(1995) 明日から使えるメンタルトレーニング ベースボール・マガジン社
- 猪俣公宏編(1997) 選手とコーチのためのメンタルマネジメント・マニュアル 大修館書店
- F・J・マクギーガン:三谷恵一他訳(1990) リラックスの科学:毎日のストレスを効果的に開放する 講談社
- ケン・ラビザ他:高妻容一他訳(2002) 大リーグのメンタルトレーニング ベースボール・マガジン社
- チャールズ・A・ガーフィールド他:荒井貞光他訳
  ピークパフォーマンス:ベストを引き出す理論と実践 ベースボール・マガジン社
- 江川卓(2001) マウンドの心理学 ザ・マサダ
- 土屋敏明(1988) ぐーんと能力があがるまんが集中力 徳間書店
- おもしろパワーセミナー編(1994) プレッシャーに強くなる面白読本 青春出版社
- 徳永幹雄(1996) ベストプレイへのメンタルトレーニング 大修館書店
- 長谷川滋利(2000) 適者生存 ぴあ
- 技トレーニングリアルファイター肉体改造ブック 辰巳出版 p.153-165
- ニック・ボレテリ他:海野孝訳(1998) テニスプレーヤーのメンタル開発プログラム 大修館書店
- マイケル・マーフィー他:山田和子訳(1984) スポーツと超能力:極限で出る不思議な力 日本教文社
- R・M・スイン:園田順一訳(1995) スポーツ・メンタルトレーニング:ピークパフォーマンスへの7段階 岩崎学術出版社
- 山下泰裕(1993) 山下泰裕:闘魂の柔道 ベースボール・マガジン社
- ブラッド・ギルバート他:宮城淳訳(1999) Winning UGLY 読めばテニスが強くなる 日本文化出版
- 堀内昌一(2000) 基礎からの硬式テニス ナツメ社
- 市村操一(1993) トップアスリーツのための心理学 同文書院
- K・ポーター他:阿江美恵子他訳(1988) ポーター&フォスターのメンタルトレーニング 不昧堂出版
- ボブ・ロテラ:菊谷匡祐訳(1999) 今のスイングでいい自分のゴルフを信じなさい 飛鳥新社
- 竹内宏介(2001) 異能の改革者[イチロー]:その衝撃とプロ野球の行方 日本スポーツ出版社
- 瀬戸環(2001) 井上康生:初心でつかんだ金メダル 旺文社
- 高妻容一(2002) サッカー選手のためのメンタルトレーニング TBS ブリタニカ
- 豊田一成(2002) イチローのメンタル アイオーエム
- ジョン・セイヤー他:浅見俊雄他訳 スポーティング・ボディーマインド 紀伊國屋書店
- N・シンガー:松田岩男監訳(1974) 運動学習の心理学 大修館書店
- 竹中晃二(1998) 健康スポーツの心理学 大修館書店
- 五十嵐透子(2001) リラクセーション法の理論と実際:ヘルスケア・ワーカーのための行動療法入門 医療薬出版
- 原辰徳(1998) 一流になる人はここが違う 日新報道
- テリー・オーリック:高妻容一他訳(1996) トップレベルのメンタルトレーニング ベースボール・マガジン社
- 吉廣紀代子(1988) わたし流、プレッシャー物語:オリンピックの女たちの素敵な生き方 日本文化出版
- 霜礼次郎(1992) メンタル・マネージメント ブックハウス HD
- 日本スポーツ心理学会(1998) コーチングの心理 Q & A 不昧堂出版
- ティモシー・ガルウェイ:後藤新弥訳(1999) インナーゴルフ 日刊スポーツ出版社
- ロバート・ホワイティング:松井みどり訳(1990) 日米野球摩擦 朝日新聞社

- アラン・S・ゴールドバーグ：池田哲雄監訳（2000）
  スランプをぶっとばせ！：メンタルタフネスへの 10 ステップ ベースボール・マガジン社
- 高妻容一（1999 年 -2005 年）
  野球選手のメンタルトレーニングプログラム ベースボールクリニック ベースボール・マガジン社
- 日本スポーツ心理学会（2002）スポーツメンタルトレーニング教本 大修館書店
- 杉原 隆（2001）
  日本スポーツ心理学会認定「スポーツメンタルトレーニング指導士」体育の科学 第 51 巻 第 11 号 　p.883-886
- 高妻容一（1996）メンタルトレーニング「こころ」の仕事 アクロス p.126-137
- 高妻容一（2001）強靭ボディーはハートから内から鍛えるメンタルトレーニング 格闘
- 高妻容一（2002）メンタルトレーニングへの期待と導入 スポーツメンタルトレーニング教本 大修館書店 p.20-24
- 高妻容一（2000）応用スポーツ心理学とメンタルトレーニング Sportsmedicine Quarterly 第 12 巻 第 2 号 　p.12-21
- 高妻容一（2001）世界のメンタルトレーニングの最新動向：資格制度からの観点 体育の科学 第 51 巻 第 11 号 　p.852-855
- 高妻容一（2003）メンタルトレーニング（ビデオ）ジャパンライム
- 高妻容一（2006）今日からはじめるベースボール・メンタルトレーニング ベースボール・マガジン社
- 高妻容一（2006）野球メンタルトレーニング 西東社
- 高妻容一（1995-1999）メンタルトレーニング コーチングクリニック（連載）ベースボール・マガジン社
- 高妻容一（2000）応用スポーツ心理学とメンタルトレーニング Sportmedicine Quarterly 第 12 巻 第 2 号 p.12-23
- 高妻容一（2001）世界のメンタルトレーニングの最新情報 体育の科学 杏林書院 第 51 巻 第 11 号 p.852-855
- 高妻容一ほか（1997）
  ユニバーシアード '95 福岡大会：日本代表サッカーチームの科学的サポート・支援部隊
  （その 3）；メンタルトレーニングと心理的サポート サッカー医・科学研究 Vol.17 日本サッカー協会報告書編集委員会
- 高妻容一ほか（1998）サッカーチームにおけるメンタルトレーニングの実践
  その 1：心理的コンディショニングのプログラムとその実践について サッカー医・科学研究 Vol.18
  日本サッカー協会報告書編集委員会 p.103-112
- 高妻容一ほか（1999）大学サッカーチームにおけるメンタルトレーニングの実践
  その 1：競技力向上のプログラム サッカー医・科学研究 Vol.19 日本サッカー協会報告書編集委員会 p.234 － 241
- 高妻容一ほか（2000）継続的メンタルトレーニングの効果について：プロサッカー選手の実践例
  サッカー医・科学研究 Vol.20 日本サッカー協会報告書編集委員会 p.172 － 182
- 高妻容一ほか（2001）東海大学サッカー部のメンタルトレーニングと心理的サポート
  サッカー医・科学研究 Vol.21 日本サッカー協会報告書編集委員会 p.129-138
- Jim Taylor & Ceci Taylor（1995）Psychology of dance Human Kinetics Publishers, Inc. Champaign, IL
- John Hogg（2000）　Mental skills for competitive swimmers Sport Excel Publishing Inc. Champaign, IL
- Rainer Martens（1997）Successful coaching Human Kinetics Publishers, Inc. Champaign, IL
- Lew hardy, Graham Jones, & Daniel Gould（1996）
  Understanding psychological preparation for sport Wiley & Sons Ltd. Englanad
- 猪俣公宏（1985-2001）メンタルマネジメント研究報告
  日本体育協会スポーツ科学研究報告集 日本体育協会スポーツ科学委員会
- 宮崎純一ほか（1999）
  ユニバーシアード日本代表サッカーチームにおけるメンタルトレーニングの実践とその後の発展性について
  サッカー医・科学研究 Vol.19 日本サッカー協会報告書編集委員会 p.234-241
- 宮崎純一ほか（1998）サッカーチームにおけるメンタルトレーニングの実践
  その 2：心理的コンディショニングの実践とパフォーマンスについて サッカー医・科学研究 Vol.18
  日本サッカー協会報告書編集委員会 p.113-118
- 宮崎純一ほか（2000）メンタルトレーニングの継続と競技意欲の向上について
  サッカー医・科学研究 Vol.20 日本サッカー協会報告書編集委員会 p.159-162
- 内藤秀和ほか（1998）サッカーチームにおけるメンタルトレーニングの実践
  その 3 サッカー医・科学研究 Vol.18 日本サッカー協会報告書編集委員会 p.119-126
- 内藤秀和（1999）大学サッカーチームにおけるメンタルトレーニングの実践
  その 3：心理的競技能力とパフォーマンスへの影響 サッカー医・科学研究 Vol.19
  日本サッカー協会報告書編集委員会 p.246-251
- 流郷吐夢ほか（1999）大学サッカーチームにおけるメンタルトレーニングの実践
  その 2：大会におけるメンタルトレーニングの例 サッカー医・科学研究 Vol.19
  日本サッカー協会報告書編集委員会 p.242-245
- 宮崎純一 高妻容一（2017）チームマネジメントにおける心理的サポートの有用性について
  －台北ユニバーシアード 2017 日本代表サッカーチームの取り組み－

付録

ワークシート

メンタルトレーニングワークシート（書き込み用紙）

これはメンタルトレーニング初級編講習会用に作成された書き込み用紙を基本とし、本書用に構成したものです。

名前：

年齢：

所属：

種目：

開始日：

1回目
心理的競技力検査（DIPCA）の総合点

点

2回目
心理的競技力検査（DIPCA）の総合点

点

3回目
心理的競技力検査（DIPCA）の総合点

点

使い方
●本書のプログラムにそって構成したワークシートです。
●ワークシート内には、主なプログラムの書き込み用紙を用意しました。ワークシートにないものは、本書内の書き込み用紙例を写すなどしてしてください。
●データは、テストを行うたびにファイルしたり、パソコンに入力するなどして整理しましょう。
●グラフや表にまとめるなど自分なりに工夫して、いつでも取り出して確認できるようにします。
　自分がどのようなときに、どんな心理状態なのかをチェックし、何が足りていて足りないのか、といったことを確認するのに使います。
2019年6月10日　高妻容一作成

自己分析用紙 I
【第2章33ページ／第3章67ページ】

❶あなたは、試合で実力を発揮できますか。　　　　　Yes　　　No

その理由は？

❷「心・技・体」の中で、あなたの感じる「試合」で一番重要なものはどれですか？
また、順番と割合（％）を書いてください。

「心」（　　　番）（　　　％）
「技」（　　　番）（　　　％）
「体」（　　　番）（　　　％）

その理由は？

❸「心・技・体」の、毎日の練習時間の順番と割合（％）を書いてください。

「心」（　　　番）（　　　％）
「技」（　　　番）（　　　％）
「体」（　　　番）（　　　％）

その理由は？

❹試合で重要な順番や割合（％）と毎日の練習の順番や割合（％）は同じですか？

→以下の質問はできるだけ全項目に答えてください。わからなくても、だいたいこんなものだろうという感じで書いてみましょう。

❺スポーツ心理学とは何か知っていますか？　　　　　Yes　　　No
　どんなものだと思いますか？

❻メンタルトレーニングとは何か知っていますか？
　どんなものだと思いますか？

❼あなたはメンタルトレーニングをしたことがありますか？　Yes　　　No
　どのようにしていますか？

❽あなたは目的・目標を持って毎日練習していますか？　Yes　　　No
　どんな目的・目標ですか？

❾あなたは自分のスポーツに対してどう考えていますか？

❿自分を分析してみると、スポーツに対するやる気などの態度はどうですか？

⓫試合であがりますか？　　　　　　　　　　　　　Yes　　　No

⓬試合でプレッシャーを感じることはありますか？　　Yes　　　No

⓭試合でどれくらい自分の能力を出しきれますか？
　　5段階のうちあてはまる数字に○をつけてみましょう。

　　　1　　　2　　　3　　　4　　　5
　出しきれない　　　　　　　　　　　全力をいつも出しきれる

付録　目標設定用紙

自己分析用紙II
【第2章33ページ／第3章67ページ】

→失敗だった、最悪だった試合を思い出しながら、そのマイナスの原因を大きな順に書いてください。原因はあるだけ書いてみましょう。

❶心理的な原因は？（例：気分が乗らなかった、あがったなど）

❶

❷

❸

❹

❺

❷身体的な原因は？（例：ケガをしていた、疲れていたなど）

❶

❷

❸

❹

❺

❸その他の原因は？

❹コーチの態度、言葉、アドバイスなどは？

❺何でも気づいたことを書いてみてください。

04

→成功だった、最高だった試合を思い出しながら、そのプラスの要因を
大きな順に書いてください。要因はあるだけ書いてみましょう。

❶理的な要因は？（例：気分が乗っていた、プレッシャーがなかったなど）

❶

❷

❸

❹

❺

❷身体的な原因は？ （例:調整がうまくいった、疲れがなかったなど）

❶

❷

❸

❹

❺

❸その他の原因は？

❹コーチの態度、言葉、アドバイスなどは？

❺何でも気づいたことを書いてみてください。

付録
目標設定用紙

やる気についての自己分析

【第2章36ページ／第3章70ページ】

→目標設定の前に自分のやる気について自己分析してみましょう。

❶ あなたは、監督から「やる気を出せ！」と言われたことがありますか？
（監督やコーチがいない人は他人から）

　　　　Yes： なぜですか？
　　　　No ：

❷ あなたは、どのようにしてやる気を高めていますか？

❸ あなたの監督は、どのようにしてあなたのやる気を高めてくれますか？

❹ 監督から具体的に自分でやる気を出す方法を教えてもらったことはありますか？

　　　　Yes： どのような方法ですか？
　　　　No ：

❺ あなたは、監督が悪いから「やる気が出ない」と思っていませんか？

　　　　Yes：
　　　　No ： では、あなたが悪いのですね？

結果目標の設定
【第2章38ページから／第3章72ページから】

→書き方：最初に、人生の目標を上から順番に書いてください。
人生の目標をすべて書き終わったら、次はそれを見ながら、
スポーツの目標を上から順番に書いてください。（制限時間10分）

●結果目標設定用紙

人生の目標	スポーツの目標
夢のような目標	
最低限度の目標	
50年後の目標	
30年後の目標	
10年後の目標	
5年後の目標	
4年後の目標	
3年後の目標	
2年後の目標	
1年後の目標	
今年の目標	
半年の目標	
今月の目標	
今週の目標	
今日の目標	
今の目標	

07

ワークシート

→結果目標を設定した感想として、以下の質問に答えてください。

❶人生の目標がスムーズにかけましたか？　　　　　Ｙｅｓ　　　Ｎｏ

❷あなたの人生についての感想は？

❸自分の書いた人生の目標を見て、死ぬ直前に満足していられそうですか？

　　Ｙｅｓ：

　　Ｎｏ　：　なぜ？

❹あなたの「一生」が見えてきませんか？

　これは人生のイメージトレーニングだと思います。

　あなたが満足できる人生を送るイメージ（プラン）はできていますか？

　それとも何も考えていないのですか？　ぼんやりとしか考えていなかったとか？

　どうですか？

❺自分のスポーツの目標がスムーズに書けましたか？　　Ｙｅｓ　　　Ｎｏ

❻あなたのこれからのスポーツ人生についての感想は？

08

→結果目標に関する質問：続き

❼自分の書いたスポーツの目標では、満足して引退できそうですか？

　　Yes：

　　No　：　なぜ？

**❽一流選手ほど、自分の人生や将来のスポーツ人生を考えて、毎日の生活や練習を
　しているそうです。あなたは、このままで満足のいく結果が出せそうですか？**

　　Yes：　よかったですね！

　　No　：　何が必要ですか？

❾引退後は、そのスポーツを利用・活用してどんな人生を歩くのですか？

❿目標設定をして、「自分はなんていいかんげんなんだ」と気づきましたか？

　　Yes：　これに気づいた人は、ラッキーだと思いませんか？
　　　　　　今から、やる気を出して、自分の人生やスポーツに
　　　　　　チャレンジしてほしいと思います。

　　No　：　何も気がついたことはありませんか？（このままじゃ、やばいかも…）

⓫結果目標を設定して、今思うことを感想として書いてください。

付録
目標設定用紙

→結果目標に関する質問：続き

⓬あなたが書いた目標設定を❶長期目標、❷中期目標、❸短期目標に
分けてみましょう。あなたは、自分の一生とスポーツ人生の一生を
3期に分けるとしたら、何年後が区切りになりますか？
このように分けることであなたのやりたいことがより鮮明になると思います。

「夢」が自分のやりたいと思う最終目標だとしたら……

❶長期目標：　時間をかけて成し遂げたい長い目で見た目標

（人生は：　　　　　　　　年から　　　　　　　年後まで）
（スポーツは：　　　　　　年から　　　　　　　年後まで）

❷中期目標：　自分のピーク（最高のとき）や、それに向かって今から
　　積み上げていく目標

（人生は：　　　　　　　　年から　　　　　　　年後まで）
（スポーツは：　　　　　　年から　　　　　　　年後まで）

❸短期目標：　今すぐにでもやりたい、やるべきこと。これをやり遂げたら
　　確実に自分が向上し、中期目標や長期目標そして夢に1歩・2歩と近づく目標

（人生は：　　　　　　　　年から　　　　　　　年後まで）
（スポーツは：　　　　　　年から　　　　　　　年後まで）

⓭この短期目標を達成したら（やり遂げたら）、あなたはどうなりますか？

→結果目標に関する質問：続き

⓮ このような質問に答えてみて、書いた目標を修正したいと思いませんか？
もし、修正するとしたら、どこをどのように修正しますか？
赤ペンを使い、先ほど書いた結果目標を修正してみましょう。

⓯ 修正した目標を見て感想を書いてください。

⓰ 修正することで、あなたの夢や目標を達成する可能性が高まったと思います。
それ以上に、やるべきことが明確になり、やる気が高まったと思いませんか？

⓱ 今度は結果目標用紙に、自分の人生のピークが何年後か、○をしてみましょう。

⓲ さらに、結果目標用紙に自分のスポーツのピークが何年後か、○をしてみましょう。

⓳ あなたのスポーツ人生のピークは、何年後ですか？
そのピークに対して今のままで大丈夫ですか？　予定通りですか？
それとも今から何かをしていかないと自分のピークが
変なところに来てしまいませんか？　このことについて、何かひとこと。

⓴ あなたのスポーツにおける「ピーク」を何年後かに設定したら、
そのピークに対しての目標を達成するためのプラン（プロセス目標）を
書いてみましょう（プロセス目標は次のページから）。

付録
目標設定用紙

プロセス目標の設定

【第2章38ページから／第3章76ページ】

→書き方：ワークシート06ページで書いた結果目標を見ながら、その目標を達成するために何をどうするかを具体的に書いてください。プロセス（過程）目標ですから、どうしたらその目標を達成できるかの計画となります。

●プロセス目標設定用紙

人生の目標	スポーツの目標
夢のような目標	
最低限度の目標	
50年後の目標	
30年後の目標	
10年後の目標	
5年後の目標	
4年後の目標	
3年後の目標	
2年後の目標	
1年後の目標	
今年の目標	
半年の目標	
今月の目標	
今週の目標	
今日の目標	
今の目標	

→プロセス目標を設定した感想を書いてください。

付録
目標設定用紙

スポーツ人生物語
【第2章38ページ／第3章79ページ】

→あなたは、自分のスポーツの引退セレモニーであなたの歩んできた道を司会者にどのように紹介してほしいですか？　そのような状況を想像し、あなたのこれからのスポーツ人生をどのようにしていきたいかを、希望的・発展的・段階的に書いてみてください。あなたがスポーツを始めたきっかけから書き始めます。

　いつ、どこで、どのように練習し、試合の成果はどうだったのか、試合のほかにどのような経験をしたのか、といったことです。

　現在の状態から、来年、2年後、3年後、5年後、10年後、20年後……

　そして引退という順番に、あなたのやりたいことをイメージして書いてください。

年間目標・月間目標
【第2章39ページから／第3章81ページ】

→1年間の自分の練習計画を明確にしましょう。目標設定や試合に対して、あなたはこの1年どのようなトレーニングを展開し、調整をしていきますか?

シーズンオフには?　ウエイトトレーニングなどの補強運動は?

何月何日にどこでどんな大会(試合)があるかを書いて、この1年＝12カ月分の具体的なプラン(やるべきこと)を書いてください。毎月のスケジュールを立てるということですから、同時に月間目標も設定することになります。

● 年間・月間トレーニングスケジュール用紙

	試合名	日付	場所	チームのトレーニング	個人のトレーニング
4月					
5月					
6月					
7月					
8月					
9月					
10月					
11月					
12月					
1月					
2月					
3月					

15

ワークシート

→年間・月間スケジュールについての質問に答えてください。

❶スムーズにトレーニングスケジュールが立てられましたか？
スケジュールを見て感想を書いてください。

❷結果目標およびプロセス目標と年間スケジュールを見て、何も修正するところはありませんか？　何か感じることがありましたら書いてください。

❸あなたのスケジュールとチームのスケジュールを見て比べてください。
チームのスケジュールの足りないこと、あなた独自の秘密のトレーニングなどが盛り込んでありますか？　それは、どんなものですか？

❹チームのスケジュールに無理はありませんか？　また自分のスケジュールに無理はありませんか？　オーバーワーク（やりすぎ）はありませんか？

16

→年間・月間スケジュールについての質問：続き

❶どうすれば自分がもっと上達し、試合に勝てるようになると思いますか?

❷自分のスケジュールに入れたいもの、省きたいもの、コーチにやらせてくれる
　よう頼みたいものがあったら本音で書いてみてください。

❸このスケジュールを1年間やることで、あなたはどれくらい上達しますか?

❹メンタルトレーニングは、どのようにスケジュールに入っていますか?

付録
目標設定用紙

週間・毎日の目標

【第2章39ページ／第3章83ページ】

→年間目標、月間目標と同様に、これまで書いてきた目標を見ながら
1週間の目標やスケジュールを書いていきます。今週、何をどうすれば、どれだけ上達できるのか、具体的に計画を立てます。1週間の計画を立てることは、毎日の計画を立てることでもあります。週間目標と毎日の目標設定は同時に行います。

●週間・毎日のスケジュール用紙

	月	火	水	木	金	土	日
5:00							
6:00							
7:00							
8:00							
9:00							
10:00							
11:00							
12:00							
13:00							
14:00							
15:00							
16:00							
17:00							
18:00							
19:00							
20:00							
21:00							
22:00							
23:00							
24:00							
1:00							
2:00							
3:00							
4:00							

18

→週間・毎日のスケジュールについて以下の質問に答えてください。

❶週間・毎日のスケジュールを書いたあとの感想を書いてみてください。

❷あなたは、自分が最高度にうまくなるために24時間を
うまく活用していますか？　何が足りないと思いますか？

❸世界のトップ選手もあなたも同じように、1日24時間を持っています。
この24時間の使い方で、一流選手になるか三流で終わるかが変わると思います。
あなたはどんな24時間の使い方をすれば、一流選手になれると思いますか？

❹あなたの書いた今週・今日のスケジュールを見て、
やるべきことの優先順位をつけてみましょう。

1位は？

2位は？

3位は？

4位は？

付録
目標設定用紙

19

ワークシート

→今度は、あなたの夢を達成するために必要な今週のスケジュールを書いてください。

あなたのチームの練習時間を書き、その後に自分のトレーニング時間を書き、さらに、あとなにとなにを加えたら、もっとうまく・強く・速く・上達するか書いてみましょう。

● 週間のスケジュール用紙

	月	火	水	木	金	土	日
5:00							
6:00							
7:00							
8:00							
9:00							
10:00							
11:00							
12:00							
13:00							
14:00							
15:00							
16:00							
17:00							
18:00							
19:00							
20:00							
21:00							
22:00							
23:00							
24:00							
1:00							
2:00							
3:00							
4:00							

これを書いた後の感想を書いてみてください。

この【24時間の使い方】が、あなたの夢を達成するための重要なポイントです。再確認を!

→週間・毎日のスケジュールについての質問：続き

❶今日の練習、今の練習を大切にすることが、明日・今週・来週・今月・来月・今年・
来年とつながり、あなた自身を向上・上達させるポイントだと思います。

今何をすべきですか?
今日寝るまでに、何をすべきですか?
何をしたら、少しでも向上できますか?

❷あなたは、毎日の練習日誌をつけていますか?

Yes： その理由は?

No： その理由は?

❸スポーツ選手に練習日誌は、絶対必要だとよく言われますが、
その理由は何だと思いますか?

付録
目標設定用紙

→週間・毎日のスケジュールについての質問：続き

❶あなたは、うまくなりたいですか？

Yes:

No: うまくなりたくないなら、なぜスポーツを、また練習をするのですか？

❷本書では、練習日誌はイメージトレーニングであると紹介しています。
　あなたは、今まで練習日誌を書きながら、
　どのようなイメージトレーニングをしていましたか?

❸反省をするとき、あなたは過去（今日の練習）を思い出しますね。
　これは過去のプレーや練習を思い出すというイメージをしています。
　それでは、この過去のイメージをどのように未来へつなげますか?

練習日誌
【第2章39、49ページ／第3章86ページ】

→ノートを1冊用意して練習日誌を作成しましょう。右ページの練習日誌例を参考に、2週間分を作ってください。書くのがおっくうにならないよう、記入欄を必ずあらかじめ作っておきます。書くときのコツは、楽しく、冗談も交えることです。そうしなければ、飽きてきますし、やらなくてはいけない、といった義務感にとらわれてしまい、長続きしません。
また、ここまでに書いた目標設定用紙を大きな紙に書き写して部屋の壁に貼ります。
さらに練習日誌の最初のページに書き写し、それを見ながら練習日誌をつけましょう。

●練習日誌の書き方の手順とポイント
1. 毎日、日誌の最初に、前日に考えた今日(当日)の目標を書きます。
2. 次に、チェック項目を5段階で評価し、コメントを書き入れます。
3. 1日の練習や試合のイメージトレーニングをしながら書き込みます。
4. 自分の意見と反省、課題、希望、不満を率直に書き、最後は今後はうまくなるよう、課題を克服できるような内容をプラス思考でまとめます。
5. 明日の目標を書きます。

●グラフを作成する
日誌につけた5段階評価を、試合前の調整時期にはグラフにしてみましょう。
確認したい項目(心理面、身体面、技術面など)をそれぞれ下記のような折れ線グラフにして自分の心身の状態を確認していきます。

試合前の練習日誌から作った目標達成レベルの自己分析グラフ

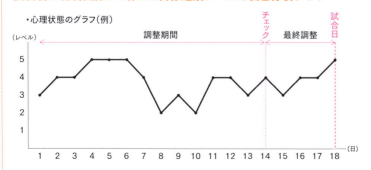

●練習日誌　書き込み例

2019年10月15日（火曜日）　　　　　　　　メンタルトレーニングを初めて：5日目

今日の目標：練習開始1時間前にグラウンドへ行き、フォームの確認をする

	評価	コメント
❶今日の目標は達成できたか？	4	納得いくまでできなかった
❷心理的（メンタル面）はどうだったか？	5	やる気満々で楽しい気分だった
❸技術的な面はどうだったか？	1	イメージ通りにいかなかった
❹身体的な面はどうだったか？	3	体は軽かった
❺コーチの指導は？	2	怒ってばかりでうるさかった
❻チームの状態は？	4	みんな集中していた
❼練習の時間的にはどうだったか？	3	少し長いと思う
❽知的興味は？（読んだ本、情報など）	4	コーチングクリニックを読んだ
❾食事は？	5	おいしく食べた！
❿練習以外の生活は？	2	長電話してしまった
⓫その他	5	好きな人としゃべった！

明日の目標は？：早起きしてジョギングする。放課後、ウエイトトレーニングをする。

・今日の練習の反省や自分の進歩、向上したと思う点

（例）

　　今日は練習1時間前にグラウンドに行く予定だったが、掃除当番があったので40分前の到着になってしまった。だから、やりたかったフォームの確認が十分にできなかった。

　　ちゃんと掃除当番や委員会などの日程は確認しておかなければいけない。練習が始まったら、監督が最初から怒ったので驚いた。でも、Tが今日も遅刻してきたからそれで怒ったのだ。連帯責任というのは納得がいかないけど、更衣室でダラダラ着替えてるTに声をかければよかったかな、と反省した。明日はちゃんと声をかけて、一緒に早めにグラウンドに来るようにしよう。

　　練習では、みんな集中していたのでなかなかよい雰囲気でできたと思う。試合が近づいてきているので、ゲーム形式の練習がやはり効果的だと思う。でも、ゲーム形式の練習をしていると、やっぱり基礎練習に時間をかけられなくて不安になる。こういう部分は1人で秘密の練習でカバーしなければいけないと思った。

　　身体は軽くて動けたが、軽すぎてプレーに重みが足りないような感じがした。これはウエイトトレーニングをして、体幹を鍛える必要があるのかもしれない。これからは、ウエイトの時間をもう少し増やしていこう。

　　練習の帰り道、隣のクラスのRちゃんとしゃべった！　Rちゃんも部活が終わったところだった。かわいいな〜。1日の終わりに元気が出た。

　　明日も笑顔で会えるように練習頑張るぞ！　こういう毎日の積み重ねがオリンピックの金メダルにつながると信じて！

24

→練習日誌を書き始めてから2週間後の感想

❶この2週間の自分の変化について書いてください。

❷「変化がなかった」と書いた人は、なぜ変化がなかったと思いますか？

❸日誌を毎日つけなかった人は、なぜ書けなかったのですか？

❹練習日誌は必要だと思いますか？

Yes：

No： その理由を書いてください。

付録
目標設定用紙

心拍数・脈拍の確認

【第2章40ページ／第3章90ページ】

●心拍数・脈拍チェック表

状況	あなたの心拍数（脈拍）は？ ○をつけてください	そのときの気持ち （心理面）は？
安静時 （静かにしているとき）	速い　普通　遅い　乱れている （心拍数　　　　回／分）	
リラックス **しているとき**	速い　普通　遅い　乱れている （心拍数　　　　回／分）	
興奮しているとき	速い　普通　遅い　乱れている （心拍数　　　　回／分）	
スピードが **必要なとき**	速い　普通　遅い　乱れている （心拍数　　　　回／分）	
力を出すとき	速い　普通　遅い　乱れている （心拍数　　　　回／分）	
集中しているとき	速い　普通　遅い　乱れている （心拍数　　　　回／分）	
平常心のとき	速い　普通　遅い　乱れている （心拍数　　　　回／分）	
気持ちが **乗っているとき**	速い　普通　遅い　乱れている （心拍数　　　　回／分）	
落ち込んでいる **とき**	速い　普通　遅い　乱れている （心拍数　　　　回／分）	
気持ちを **切り替えるとき**	速い　普通　遅い　乱れている （心拍数　　　　回／分）	
（　　　　　のとき）	速い　普通　遅い　乱れている （心拍数　　　　回／分）	
（　　　　　のとき）	速い　普通　遅い　乱れている （心拍数　　　　回／分）	

→心拍数を調べたことにより、あなたは何に気づきましたか？

呼吸法の確認
【第2章41ページ／第3章91ページ】

●呼吸チェック表

状況	あなたの呼吸は？ ○をつけてください			そのときの気持ち （心理面）は？
安静時 （静かにしているとき）	速い　普通　遅い 強い　普通　弱い 長い　普通　短い		乱れている シャープ（鋭い） 入り混じっている	
リラックス しているとき	速い　普通　遅い 強い　普通　弱い 長い　普通　短い		乱れている シャープ（鋭い） 入り混じっている	
興奮しているとき	速い　普通　遅い 強い　普通　弱い 長い　普通　短い		乱れている シャープ（鋭い） 入り混じっている	
スピードが 必要なとき	速い　普通　遅い 強い　普通　弱い 長い　普通　短い		乱れている シャープ（鋭い） 入り混じっている	
力を出すとき	速い　普通　遅い 強い　普通　弱い 長い　普通　短い		乱れている シャープ（鋭い） 入り混じっている	
集中しているとき	速い　普通　遅い 強い　普通　弱い 長い　普通　短い		乱れている シャープ（鋭い） 入り混じっている	
平常心のとき	速い　普通　遅い 強い　普通　弱い 長い　普通　短い		乱れている シャープ（鋭い） 入り混じっている	
気持ちが 乗っているとき	速い　普通　遅い 強い　普通　弱い 長い　普通　短い		乱れている シャープ（鋭い） 入り混じっている	
落ち込んでいる とき	速い　普通　遅い 強い　普通　弱い 長い　普通　短い		乱れている シャープ（鋭い） 入り混じっている	
気持ちを 切り替えるとき	速い　普通　遅い 強い　普通　弱い 長い　普通　短い		乱れている シャープ（鋭い） 入り混じっている	
（　　　　のとき）	速い　普通　遅い 強い　普通　弱い 長い　普通　短い		乱れている シャープ（鋭い） 入り混じっている	
（　　　　のとき）	速い　普通　遅い 強い　普通　弱い 長い　普通　短い		乱れている シャープ（鋭い） 入り混じっている	

→呼吸をチェックしたあと、以下の質問に答えてください。

❶呼吸をチェックしてみて何に気づきましたか？

❷この呼吸法を利用して何をどうすればいいと思いますか？

付録
目標設定用紙

音楽の利用
【第2章42ページ／第3章93ページ】

●音楽のリズムチェック表

状況	あなたの心拍数(脈拍)は？ ○をつけてください				そのときの気持ち (心理面)は？
安静時 (静かにしているとき)	速い　普通　遅い　乱れている （心拍数　　　　　　回／分）				
リラックス しているとき	速い　普通　遅い　乱れている （心拍数　　　　　　回／分）				
興奮しているとき	速い　普通　遅い　乱れている （心拍数　　　　　　回／分）				
スピードが 必要なとき	速い　普通　遅い　乱れている （心拍数　　　　　　回／分）				
力を出すとき	速い　普通　遅い　乱れている （心拍数　　　　　　回／分）				
集中しているとき	速い　普通　遅い　乱れている （心拍数　　　　　　回／分）				
平常心のとき	速い　普通　遅い　乱れている （心拍数　　　　　　回／分）				
気持ちが 乗っているとき	速い　普通　遅い　乱れている （心拍数　　　　　　回／分）				
落ち込んでいる とき	速い　普通　遅い　乱れている （心拍数　　　　　　回／分）				
気持ちを 切り替えるとき	速い　普通　遅い　乱れている （心拍数　　　　　　回／分）				
（　　　　　のとき）	速い　普通　遅い　乱れている （心拍数　　　　　　回／分）				
（　　　　　のとき）	速い　普通　遅い　乱れている （心拍数　　　　　　回／分）				

→音楽のリズムと心拍数を確認したことで、何に気づきましたか？

試合前のチェック用紙

試合前に試合のための心理的準備ができているかを確認し、試合で最高の能力を発揮するために何が必要か思い出しましょう。試合前のちょっとした空き時間にイメージトレーニングやセルフトークを使いながら、自分の状態にあてはまる段階の番号に〇をして、準備完了か確認しましょう。

●試合名：　　　　　　　　　　　　　　年　　　　月　　　　日（　　）

	最悪	悪い	普通	良い	最高
❶よく寝られた？	1	2	3	4	5
❷夜のセルフコンディショニングは？	1	2	3	4	5
❸朝、気持ち良く起きましたか？	1	2	3	4	5
❹朝のセルフコンディショニングは？	1	2	3	4	5
❺朝のイメージトレーニングは？	1	2	3	4	5
❻朝のセルフトークは？	1	2	3	4	5
❼朝ごはんはおいしく食べられましたか？	1	2	3	4	5
❽体調は？	1	2	3	4	5
❾心理状態は？	1	2	3	4	5
❿この試合の達成目標に対する自信は？	1	2	3	4	5
⓫リラクセーションの程度は？	1	2	3	4	5
⓬サイキングアップの程度は？	1	2	3	4	5
⓭自分の理想的な心理状態の程度は？	1	2	3	4	5
⓮この試合のプラスイメージは？	1	2	3	4	5
⓯この試合の集中力の程度は？	1	2	3	4	5
⓰プラス思考の程度は？	1	2	3	4	5
⓱プラスのセルフトークは？	1	2	3	4	5
⓲コーチとのプラスのコミュニケーションは？	1	2	3	4	5
⓳自分は天才だよね	1	2	3	4	5
⓴試合がやりたくて待ちきれない？	1	2	3	4	5
㉑試合は楽しめそう？	1	2	3	4	5

付録
目標設定用紙

試合後のチェック用紙

この試合でよかった点を確認し、反省点を見つけて次の試合を成功させるための心理的準備を今から始めましょう。試合後、できるだけすぐに次の質問に答えてください。

●試合名: 　　　　　　　　　　　　　年　　　　月　　　　日(　　)

結果・成績:

❶この試合のあなたの目標は何でしたか？　目標はどの程度達成できましたか？

❷この試合のあなたの成績・記録・勝利はどうでしたか？

❸この試合の結果に何が満足で、何が不満足ですか？

❹この結果にコーチはどんな態度・言葉・気持ちを示しましたか？

❺心理的にどうでしたか？　何が十分で、何が不十分でしたか？

❻身体的にどうでしたか？　何が十分で、何が不十分でしたか？

❼技術的にどうでしたか？　何が十分で、何が不十分でしたか？

❽体力的にどうでしたか？　何が十分で、何が不十分でしたか？

❾リラックス、興奮、理想的心理状態でしたか？

❿リラクセーション、サイキングアップの成果はどうでしたか？

⓫イメージトレーニングの成果はどうでしたか？

⓬平常心で自分をどれくらいコントロールできましたか？

⓭試合前にどのような不安がありましたか？

→試合後のチェック用紙：続き

⓮ 集中力の発揮に、どこが満足で、どこが不満足ですか？

⓯ 心理的調整、身体的調整は、どれくらい満足していますか？

⓰ 自分の能力は、どれくらい発揮できましたか？

⓱ 自信は、どれくらいありましたか？

⓲ 自分の能力以上のものがどこかで発揮できましたか？

⓳ 試合前の心理的準備は、どれくらいうまくいきましたか？

⓴ どれくらいやる気がありましたか？

㉑ 試合が始まる前、何を考えていましたか？

㉒ 試合中、弱気になった場面がありましたか？　その結果は？

㉓ 試合中、何か予測していないことが起こりましたか？

㉔ 観客やコーチなどが邪魔に感じたり、気になることはありませんでしたか？

㉕ 試合を楽しめましたか？

→試合後のチェック用紙：続き

●試合の感想文を書いてみましょう。

●この試合から、どこをどうすれば、あなたはもっと上達し、
　勝利をつかみ、夢の達成に近づくと思いますか？

メンタルトレーニング・プログラムの評価用紙

ここまでメンタルトレーニングを数カ月〜1年かけて行ってきました。これまでを振り返り、あなたの考えをまとめましょう。メンタルトレーニングに関する理解がどのくらい深まったのかを確認し、次のステップへの参考にしましょう。

❶ メンタルトレーニングを始める前と今では、考え方や練習にどんな違いがありますか？

❷ 世界の一流選手は、このようなトレーニングを20〜40年も前から行っていました。そのことについてどう感じますか？

❸ あなたにとって何が一番役に立ちましたか？
役に立ったものから順番に書いてみてください。
  ❶
  ❷
  ❸
  ❹
  ❺

他にあればそれも書いてみましょう。

❹ 今後、何をもっと洗練したいと思いますか？

❺ プログラムの中で必要ではないと思うテクニックはありますか？

❻ メンタルトレーニングは次第に無意識で行えるようになっていきます。初めのうちは意識しなければできませんが、あなたはどれくらい身についたと思いますか？

付録
目標設定用紙

❼ コーチとのコミュニケーションはどう変わりましたか？

❽ チームメートとのコミュニケーションはどう変わりましたか？

❾ ガールフレンド、ボーイフレンド、家族、友達などとのコミュニケーションや
人間関係はどう変わりましたか？

❿ 試合や記録会などでの成績や結果はどうでしたか？

⓫ 自分の能力をいつでもどこでも発揮できるようになりましたか？

⓬ あなたは本気でこのプログラムを行いましたか？

⓭ メンタルトレーニングについての感想を何でも書いてください。

著者
高妻容一

こうづまよういち／1955年生まれ、宮崎県出身。福岡大学体育学部体育学科卒。中京大学大学院修士課程体育学科研究科修了後、フロリダ州立大学へ留学（スポーツ心理学）。近畿大学教養部を経て、現在、東海大学体育学部教授。
国際応用スポーツ心理学会、国際スポーツ心理学会、アジア南太平洋地区スポーツ心理学会、日本スポーツ心理学会、日本メンタルトレーニング指導士会など多数の学会に所属。1994年より、日本メンタルトレーニング・応用スポーツ心理学研究会をスタートし、現在も全国規模で研究会が開催されている。空手道6段。
日本スポーツ心理学会認定「スポーツメンタルトレーニング上級指導士」オリンピック強化・国体強化・プロや実業団など全国の多くのチームや選手のメンタル面強化のアドバイザーを務めている。
著書に、「新版今すぐ使えるメンタルトレーニング：選手用」、「新版今すぐ使えるメンタルトレーニング：コーチ用」「プロ野球選手になりたい人のメンタルトレーニングワークブック」、「野球選手のメンタルトレーニング」、「バスケットボール選手のメンタルトレーニング」、「イラスト版やさしく学べるメンタルトレーニング」、「DVD高妻容一の実践メンタルトレーニング」（以上、ベースボール・マガジン社）など多数。

Facebook
東海大学メンタルトレーニング・応用スポーツ心理学研究会

SSKホームページ内　高妻容一のメンタルトレーニング
http://www.webleague.net/

令和版 基礎から学ぶ！メンタルトレーニング

2019年8月30日　第1版第1刷発行
2021年7月30日　第1版第2刷発行

著者　　　高妻容一
発行人　　池田哲雄
発行所　　ベースボール・マガジン社
　　　　　〒103-8482 東京都中央区日本橋浜町2-61-9 TIE浜町ビル
　　　　　電話03-5643-3930（販売部）
　　　　　　　03-5643-3885（出版部）
　　　　　振替口座00180-6-46620
　　　　　http://www.bbm-japan.com/

印刷・製本　共同印刷株式会社

©Yoichi Kozuma 2019
Printed in Japan
ISBN978-4-583-11219-0 C2075

※本書の文書、写真、図版の無断転載を禁じます。
※本書を無断で複製する行為（コピー、スキャン、デジタルデータ化など）は、私的使用のための複製など著作権法上の限られた例外を除き、禁じられています。業務上使用する目的で上記行為を行うことは、使用範囲が内部に限られる場合であっても私的使用には該当せず、違法です。また、私的使用に該当する場合であっても、代行業者等の第三者に依頼して上記行為を行うことは違法となります。
※落丁・乱丁が万一ございましたら、お取り替えいたします。
※定価はカバーに表示してあります。